AF234568

2024

L'art col·laboratiu com a ètica de cura i transformació social

Oskia Ugarte

L'art, entès com a expressió humana profunda, ha sigut històricament reduït a la figura del geni creador, aquest ésser excepcional que, aïllat en la seua individualitat, produeix en solitari una obra de transcendència. No obstant això, aquesta visió individualista de l'art oblida les múltiples capes del col·lectiu que el travessen, que no sols li donen forma, sinó que el transformen. És en el col·lectiu on es troben les vertaderes possibilitats de resistència, de qüestionament de les jerarquies que l'art ha perpetuat durant segles. Ací, allò que és col·laboratiu no és una mera metodologia; és una manera d'entendre el món que s'oposa a les estructures de poder i a la lògica del mercat, que sempre han tractat de reduir la creació a la propietat individual i a la possessió exclusiva.

Des de les primeres manifestacions artístiques, el col·lectiu ha sigut una constant. En les cultures precolombines, com les civilitzacions mesoamericanes, l'art era una pràctica profundament imbricada amb la comunitat, no era només un mitjà d'expressió estètica, sinó un ritu que articulava la vida col·lectiva i la cosmovisió compartida. Les imatges als temples, els murals, les escultures i les cerimònies formaven part d'una creació comuna que no s'entenia com una obra d'un únic autor, sinó com el resultat d'una participació plural, diversificada i situada. Aquest tipus d'art estava inscrit en el temps i en l'espai de la comunitat, un art que es pensava i es vivia des del que és comú.

En el Renaixement, a pesar de l'exaltació del geni individual, els tallers d'artistes funcionaven com a espais de creació compartida, com a llocs on les idees, els sabers i els oficis s'intercanviaven, formant una xarxa de relacions. No obstant això, en aquests tallers les relacions de poder no es desmantellaven, sinó que es cristal·litzaven en el sistema de mestres i aprenents. Per contra, fins i tot dins d'aquesta estructura, l'art continuava sent, d'alguna manera, un procés col·lectiu. La transmissió de sabers i visions del món, encara que mediata per jerarquies, es desenvolupava a través de l'intercanvi constant, i és en aquest procés on podem rastrejar les primeres experiències de creació compartida.

Va ser en els segles XIX i XX quan el col·lectiu es va carregar d'un significat polític i revolucionari. Moviments com el dadaisme, en construir en col·lectiu *performances* i poesies visuals van desafiar no sols les formes tradicionals de l'art, sinó les formes mateixes de concebre l'individual i el col·lectiu. L'art va deixar de ser un objecte de contemplació per a convertir-se en una pràctica comunitària. Els *cadavres exquis*, creats pels surrealistes, van ser una tècnica que va permetre que diversos artistes s'integraren en una mateixa obra sense conèixer les aportacions anteriors, la qual cosa va generar un caos creatiu que, lluny de restar, va multiplicar el sentit del col·lectiu.

Al final del segle XX, moviments com Fluxus van reivindicar el col·lectiu com un acte de resistència política i cultural. El col·laboratiu es va convertir en un acte de lluita contra les estructures de poder que governaven no sols l'art, sinó també la vida mateixa. La creació col·lectiva no era només una manera de fer art, sinó una manera de construir noves formes de relació, noves maneres d'habitar el món, més horitzontals, més democràtiques. En aquest sentit, el col·laboratiu es va obrir a la possibilitat d'imaginar i crear alguna cosa que no era només una obra d'art, sinó un espai nou, un espai comú, en el qual l'art es pensava com un acte de compartir, de crear junts, de pensar i sentir el món com un nosaltres.

El feminisme ha sigut clau en la resignificació del col·laboratiu dins de l'art, no sols com una estratègia, sinó com un acte radical de subversió enfront de les estructures de poder que tradicionalment han determinat qui té dret a crear i qui és reconegut en el procés. L'autoria, aquest concepte carregat d'història, s'ha vist profundament qüestionada des de la crítica feminista, especialment en un camp com l'art, que ha sigut històricament dominat per una visió masculina del creador, l'obra del qual no sols es considera un producte de la seua genialitat, sinó una manifestació exclusiva del seu poder. Aquesta concepció, que ha silenciat i deslegitimat les veus de dones i altres identitats, està sent desafiada per l'art col·laboratiu, que emergeix com una resposta crítica a aquella concentració de poder en uns pocs, proposant una manera de redistribuir tant el poder com el reconeixement.

Però el col·laboratiu no és només una metodologia; és una ètica que privilegia la inclusió, la reciprocitat i la cura. Pensadores feministes com Mariluz Esteban i Donna Haraway han subratllat que les pràctiques col·laboratives obrin la possibilitat de repensar els vincles humans, de reconèixer l'altre no com un competidor o un subordinat, sinó com un subjecte fonamental del procés creatiu. Esteban, en particular, crida a concebre l'art no com un acte aïllat del geni solitari, sinó com un procés interdependent que es construeix en relació amb els altres.

La interdependència és una forma de cura, no sols en el sentit d'atendre l'altre, sinó en el sentit de cultivar les relacions i els processos que possibiliten la creació. Així, la creació col·laborativa no és només una estratègia estètica, sinó una oportunitat per a transformar les estructures socials, per a construir noves formes de convivència a través de l'art.

Aquest enfocament col·laboratiu no sols afecta el món de l'art; té un potencial per a incidir en el social, en el polític. Quan el procés de creació es fa col·lectiu, no sols es transforma l'obra, sinó la forma mateixa en què ens relacionem, com pensem la comunitat, com pensem la interacció social. A través de les pràctiques col·laboratives, poden ser visibilitzades aquelles experiències que històricament han quedat fora de focus: les de dones, comunitats racialitzades, indígenes, migrants, col·lectius LGBTQ+, les identitats dels quals han sigut relegades al marge de l'art oficial. Aquest procés de visibilització no es limita a donar-los veu, sinó a reconèixer els seus sabers i les seues maneres de crear, desafiant l'homogeneïtzació imposada per les narratives dominants.

Un exemple paradigmàtic d'aquesta pràctica és l'obra *The Dinner Party* de Judy Chicago, una instal·lació monumental que celebra dones històricament invisibilitzades.

Aquesta obra, que va nàixer d'un procés col·laboratiu entre centenars de persones, des de ceramistes fins a brodadores, no sols va desafiar les jerarquies establides en l'art, sinó que va permetre visibilitzar tècniques tradicionalment associades amb la domesticitat i la feminitat, que havien sigut relegades a l'àmbit d'allò que és secundari. L'obra mateixa, carregada de simbolisme, va transformar la història de l'art i va obrir una nova comprensió sobre les contribucions de les dones al patrimoni cultural. En aquest sentit, la col·laboració no sols és un acte artístic, sinó un acte de resistència, un qüestionament radical sobre les estructures de gènere que han dominat la representació artística.

D'altra banda, el treball del col·lectiu Guerrilla Girls ofereix una intervenció directa en l'art institucional que desafia la injustícia estructural i la falta de representació femenina en els espais artístics. El seu art es converteix en una eina política de resistència visibilitzant les desigualtats que han sigut naturalitzades per les estructures del poder en el món de l'art. La col·laboració, unida per la causa feminista, no sols interromp les narratives dominants, sinó que les reconfigura per complet.

En aquesta reconfiguració, el concepte de «coneixement situat», proposat per Donna Haraway, té un paper crucial.

Aquest enfocament, que reconeix que el coneixement està sempre situat en un context determinat, planteja que l'art no és només el resultat d'una ment individual, sinó una creació que sorgeix de les interaccions i les experiències compartides. En els projectes d'art comunitari el saber no és abstracte ni universal; està arrelat en els contextos específics dels participants, en les seues històries, les seues lluites, els seus territoris. La interdependència que es construeix en aquests processos desdibuixa la noció d'autoria patriarcal i normativitzada, i obri un camí cap a una concepció més inclusiva de l'art.

Si mirem Espanya, les pràctiques col·laboratives també han tingut un paper clau en l'acció política i social, sobretot després del final de la dictadura franquista, quan les estructures de poder van començar a obrir-se. Les dinàmiques col·laboratives es van incorporar en l'art com una resposta a les tensions socials i polítiques del país, i van servir com un vehicle per a la participació i la desconstrucció de jerarquies.

Aquest impuls pel col·laboratiu s'ha consolidat amb el temps, i en les últimes dècades ha donat lloc a projectes com *La ciutat invisible*, a Barcelona, un clar exemple d'art participatiu que desafia la visió tradicional de l'art com un espai elitista.

Ací, els habitants de la ciutat no són només espectadors, sinó cocreadors de l'obra. Aquest tipus de pràctiques reconfigura el rol del públic, no sols en l'art, sinó en la societat mateixa, i obrin noves possibilitats per a pensar i viure el col·lectiu, des d'una òptica més inclusiva i transformadora.

A Espanya, molts col·lectius i espais autònoms han emergit com a punts clau d'una pràctica artística que es desvincula dels circuits tradicionals de galeries i museus per a generar propostes que no sols qüestionen les estructures de l'art, sinó també el seu rol dins de la societat. Aquests grups operen al marge de les institucions i es caracteritzen per una organització horitzontal que desafia la figura de l'autor únic, del director artístic, i proposen en el seu lloc una estructura democràtica en què totes les veus tenen cabuda. D'aquesta manera, l'art no és només una pràctica estètica, sinó també un exercici polític que reconfigura les relacions de poder que travessen les institucions.

A final del segle XX, amb l'ascens de col·lectius com Zemos98 i La Comunidad (col·lectiu al qual pertany Noé Bermejo, participant en aquesta XXVII Mostra Art públic / Universitat pública), el treball col·laboratiu i les dinàmiques participatives començaren a cobrar una rellevància creixent. Zemos98 es va especialitzar en la mediació cultural com una eina per a fomentar la participació ciutadana, mentres que La Comunidad va apostar per involucrar les persones en processos artístics col·lectius que afavoreixen l'intercanvi d'experiències. Els dos col·lectius, des de les seues pràctiques, refermen la construcció conjunta de coneixement i cultura, un procés que desdibuixa les fronteres entre l'art, l'activisme i la intervenció social.

Aquest fenomen s'insereix dins d'un procés més ampli de desinstitucionalització de la cultura, que desafia el monopoli de les grans institucions de l'art i la seua pretensió de legitimar què és i què no és art. Les institucions culturals tradicionals responen a interessos propis, a vegades exclusivistes, i fragmenten la possibilitat d'una creació col·lectiva que, en el seu sentit més profund, pertany a tots. Davant d'aquesta concentració de poder, l'art col·laboratiu ha trobat refugi en espais autogestionats com La Invisible a Màlaga, La Zurda a Pamplona o Bulegoa Z/B a Bilbao. Aquests llocs, lluny de ser meres alternatives a les institucions, són actes de resistència mateixa, espais que descentralitzen la producció artística, construeixen noves cartografies culturals i permeten una participació més oberta, lliure dels condicionaments del mercat i la legitimitat institucional.

En aquest procés de transformació, l'art comunitari té un paper crucial. Es tracta d'un art que transcendeix la creació individual per a traslladar-se a les comunitats, empoderant-les en la construcció de les seues pròpies narratives. Sorgeixen projectes amb col·lectius migrants, persones amb discapacitat o grups LGBTQ+, que mostren el poder de l'art com a eina de visibilització per a qüestionar les estructures d'exclusió i marginació, i com a mitjà per a transformar les realitats socials. L'art, en aquests contextos, ja no és només un objecte de contemplació, sinó un motor de canvi social.

La revolució digital ha accelerat aquest procés de desinstitucionalització i ha facilitat la creació col·lectiva més enllà de les barreres físiques. La xarxa, aquest espai on les fronteres es dissolen i les distàncies s'acurten, ha democratitzat la producció artística. Internet i les xarxes socials permeten que col·lectius com Morfosis experimenten amb art interactiu i participació massiva en temps real. D'aquesta manera, l'autoria es difumina i s'obri pas a noves formes de creació compartida, al mateix temps que es qüestionen les formes de circulació i distribució de l'art en el món contemporani.

Aquest procés de desinstitucionalització de l'art està profundament vinculat amb una lluita més àmplia per la defensa dels drets culturals.

Nicolás Barbieri subratlla que és fonamental garantir que totes les persones tinguen el dret de decidir, produir i participar activament en la cultura. Els projectes col·laboratius, que sorgeixen al marge de les institucions i la societat, permeten que comunitats històricament excloses —com els pobles indígenes, col·lectius LGBTQ+ o les dones— utilitzen l'art per a reivindicar els seus drets, visibilitzar les seues lluites i transformar les seues realitats. Ací, l'art es converteix en un espai de resistència, un mitjà a través del qual les comunitats reescriuen la seua història i construeixen una nova realitat, lliure de les estructures d'opressió que les han relegades.

En conclusió, l'art col·laboratiu s'ha consolidat com una pràctica que va més enllà d'una metodologia, emergeix com una ètica de la cura i la solidaritat. El treball en col·lectiu, en el seu nucli, no sols implica la cooperació de sabers, sinó que també construeix vincles afectius que transformen les dinàmiques de poder.

La desinstitucionalització de l'art i la proliferació d'espais autònoms han permès que l'art es deslligue de les lògiques del mercat i les institucions per a obrir-se a una pràctica més inclusiva i democràtica. En moments de necessitat, com els que sorgeixen davant adversitats, les pràctiques col·laboratives es converteixen en un espai on la solidaritat no sols es manifesta en el gest, sinó en el mateix procés creatiu i obri noves possibilitats per a repensar la convivència i les relacions socials.

D'aquesta manera, el col·laboratiu no és només una manera de fer art, sinó una manera de viure. A través seu es qüestiona la propietat, l'autoria i les jerarquies, i es crea un espai comú en què l'afecte, la cooperació i la transformació social s'entrellacen. L'art col·laboratiu ens convida a repensar el futur, a imaginar noves formes de relació, més horitzontals, més inclusives, més humanes.

El públic en allò que és públic. Participació i acció social a través de l'art

María Paula Santiago Martín de Madrid

Nombrosos autors, autores i artistes han explorat la intersecció entre l'art i l'àmbit del que és públic i han destacat la capacitat de l'art per a suscitar el debat social i influir en el pensament i l'acció del públic, entès aquest com a col·lectiu no passiu. En aquest sentit es pot afirmar que l'art públic s'ha conformat com una destacada eina de compromís social i ha actuat com a catalitzador per al canvi i la reflexió en la societat. Un art que busca la incidència social però també el compromís ciutadà, la reflexió i el debat. Es tracta d'un model que cobra dimensió en la discussió i en la confrontació, reelabora la mateixa idea del que és públic i es configura com a contradiscurs.

Al llarg del segle XX podem observar una trajectòria històrica d'invitació a la participació del públic en les propostes artístiques. Fer partícip l'espectador ha sigut una constant en pràctiques situacionistes, *happenings, performances,* escultura social o projectes participatius que adquireixen gran rellevància a final del segle XX i principi del XXI amb intervencions cada vegada més interdisciplinàries.

Michel North assenyalava en 1992 que l'art es fa públic en prendre l'experiència espacial de la seua audiència com a tema. En una direcció complementària, Rosalyn Deutsche afirmava en 1996 que l'art públic és per si mateix un espai on assumim identitats polítiques.

En el nou segle, autors com Félix Duque incideixen en aquesta qüestió des d'una perspectiva més explícita. Així, en *Arte público y espacio político* (2001) aquest autor conclou que aquest no és un art per al públic ni del públic, sinó un art que pren com a objecte d'estudi el públic mateix, alhora que pretén elevar aquest públic a subjecte conscient i responsable, no sols dels seus actes, sinó dels actes comesos per altres contra uns altres. Duque afegeix que l'art públic no configura un nou i més just espai polític, sinó que posa en dubte tot espai polític.

Ja en la dècada de 1970, John Berger assenyalava en l'assaig *Maneres de mirar* (1972) que l'art no sols reflecteix la realitat, sinó que també la construeix i la qüestiona. L'autor sosté que les imatges artístiques tenen el poder de transformar la percepció i, per tant, la consciència, i assenyalant que, més enllà de ser un acte passiu, veure és un procés de codificació, descodificació i interpretació en què participen significats derivats de la nostra experiència, cultura i sistema de valors. Berger ens demana que, com a públic, considerem les implicacions polítiques i socials que subjauen en el que veiem. Per al pensador, l'art és una eina per a entendre el món i reflexionar sobre ell i considera que l'acte de veure és polític, ja que afecta la manera en què percebem i entenem la realitat. Si bé les imatges poden ser utilitzades per a controlar i manipular, també tenen el poder d'alliberar i empoderar.

D'altra banda, Theodor Adorno planteja en *Teoría estética* (1970) que l'art té un paper essencial en la resistència contra les injustícies socials, ja que és una forma de protesta silenciosa que desafia les normes establides i obri espais per a la crítica i la reflexió. Per a Adorno, no pot ser una cosa merament formal, que prové de funcions subjectives d'intuïció.

Al llarg dels últims anys, des de diferents disciplines i amb diferents enfocaments s'ha aprofundit en aquesta capacitat de l'art que va més enllà de la mera expressió estètica, i s'ha analitzat la seua capacitat per a la resistència, l'educació i la mobilització. Podem dir que l'art públic i participatiu el compromès socialment, és una dimensió fonamental de la crítica cultural a la qual autors i autores com Lucy Lippard, Suzanne Lacy, Hal Foster, Claire Bishop o Grant H. Kester, entre molts altres, han contribuït facilitant la comprensió sobre com pot influir en la societat promovent canvis estructurals.

La sociòloga Lucy R. Lippard s'ha preguntat en reiterades ocasions pel paper de l'artista. En un acte celebrat en 2018 al Museo Reina Sofía, la també crítica d'art i activista va impartir una conferència en la qual plantejava nombroses preguntes sobre el que volem dir quan desenvolupem un projecte artístic. Lippard es planteja fins a quin punt la creació artística pot actuar sobre les consciències i produir un impacte en el públic que permeta la reflexió, i es pregunta pel rol polític de l'art i per la capacitat que té per a transformar-se en una forma d'intervenció social.

Quan Lippard afirma que l'art de compromís social és una eina crucial per a desafiar les estructures de poder i advocar pel canvi, s'interroga també sobre el que valorem més, si l'èxit individual o una victòria social col·lectiva. En aquest sentit, en l'assaig *Get the Message? A Decade of Art for Social Change* (1984), Lippard ja afirmava que l'art té la capacitat de fer visible l'invisible, de posar al descobert qüestions que d'una altra manera serien ignorades. Un fet que li permet insistir que l'art pot ajudar a sacsejar les consciències i constituir-se en un important mitjà per a incitar a l'acció social.

Al seu torn, Suzanne Lacy, en el seu paper d'artista, en *Mapping the Terrain: New Genre Public Art* (1995), destaca que l'art públic pot ser utilitzat per a abordar problemes socials i crear consciència. Lacy emfasitza que l'art pot ser un mitjà per a involucrar la comunitat en la resolució dels seus problemes, fomentant un sentit de responsabilitat i acció comunitària. Posa en relleu la importància de la participació i col·laboració amb el públic, origen del denominat *art públic de nou gènere*. Aquesta no és una modalitat basada en una tipologia de materials o mitjans, sinó que es fonamenta en la participació i recepció de l'obra per part del públic, així com en la voluntat política. Ací, l'artista es posiciona com a activista amb l'únic interès de potenciar el canvi i estimular la consciència de les comunitats participants en els projectes.

Lacy du a terme una anàlisi sobre les diferents posicions de l'artista en funció de la implicació del públic i estableix una diferenciació entre artista experimentador i informador o artista analista i activista, un tipus, aquest últim, capaç de crear consensos. Per a Lacy, les pràctiques culturals activistes són essencialment col·laboratives, una col·laboració que es converteix en participació pública quan els i les artistes aconsegueixen incloure la comunitat o el públic en el procés.

D'altra banda, un dels aspectes més destacats de l'art en relació amb la participació de col·lectius i la recuperació de la memòria és la seua capacitat per a preservar i transmetre esdeveniments històrics que, d'una altra manera, podrien ser oblidats o ignorats. El crític d'art i historiador Hal Foster assenyala en *El retorno de lo real* (1996) que un gran nombre d'artistes ha utilitzat la col·laboració amb comunitats per a recuperar històries suprimides i proposar contramemòries històriques. Així, l'art públic ajuda a recuperar la memòria històrica i social oferint un espai de reflexió i crítica. Foster posa en valor com, a través de diferents poètiques i formes d'expressió, els i les artistes han capturat esdeveniments significatius de la història i han documentat experiències i lluites de les comunitats, alhora que han actuat com a mitjà per a l'expressió de la dissidència i la resistència.

També Claire Bishop en *Artificial Hells: Participatory Art and the Politics of Spectatorship* (2012) analitza les dinàmiques de l'art participatiu i el seu potencial per a crear un impacte social significatiu, i subratlla que aquest tipus d'art pot ser un mitjà per a la intervenció social. Respecte a les aportacions de Bishop, cal assenyalar el seu plantejament sobre el que ella denomina «antagonisme relacional». L'autora es planteja qui és realment el públic, com es fa la cultura i per a qui es fa, i atorga una gran importància no sols a la producció, sinó també a la recepció i context del treball artístic. Bishop proposa analitzar com l'art contemporani es dirigeix a l'espectador i com es pot avaluar la qualitat de les relacions que produeix entre el seu públic.

En aquest context, cal recordar per la seua part Grant H. Kester, que ha explorat el concepte d'«art dialògic», terme encunyat per ell, i que atorga una gran importància al diàleg en les arts. En *Conversation Pieces: Community and Communication in Modern Art* (2004), Kester examina com l'art participatiu i col·laboratiu pot generar diàlegs que promoguen l'enteniment i l'acció social. Segons Kester, aquests enfocaments artístics no sols involucren la comunitat, sinó que també l'empoderen per a abordar problemes socials i polítics.

En conclusió, l'art públic i participatiu ha emergit com una de les formes més dinàmiques d'expressió artística contemporània i desafia les nocions tradicionals del que l'art pot ser i a qui està destinat. A diferència d'altres models, l'art públic busca activar espais comuns, integrar-se en la vida quotidiana i establir un diàleg directe amb la comunitat. És ací on la participació del públic es converteix en un component fonamental del procés artístic transformant els espectadors en col·laboradors actius.

Al seu torn, podem afirmar que té el potencial de democratitzar l'art portant-lo més enllà de les elits culturals i posant-lo a l'abast del públic comú, ja que convida a la reflexió social, la interacció i la participació comunitària. Així mateix, fomenta el sentit de pertinença i la cohesió social i es transforma en vehicle capaç d'abordar qüestions com la justícia social, la sostenibilitat o la identitat col·lectiva, entre moltes altres. Finalment, en involucrar el públic en la creació i recepció, l'art públic qüestiona les barreres entre l'artista i l'espectador i desafia la idea de l'art com a objecte de consum passiu.

↓

Bibliografia:

· Adorno, Th. W. (2004). *Teoría estética.* Akal.

· Berger, J. (2011). *Maneres de mirar*. Edicions de 1984.

· Bishop, C. (2012). *Artificial Hells: Participatory Art and the Politics of Spectatorship.*

· Deutsche, R. (1996). *Evictions. Art and Spatial Politics*. MIT Press.

· Duque, F. (2001). *Arte público y espacio político*. Akal.

- Foster, H. (1996). *El retorno de lo real. La vanguardia a finales de siglo.* Akal.
- Kester, G. H. (2004). *Conversation Pieces: Community and Communication in Modern Art.* University of California Press.
- Lacy, S. (1995). *Mapping the Terrain: New Genre Public Art.*
- Lippard, L. (1984). *Get the Message? A Decade of Art for Social Change.*
- North, M. (1992). "The Public as Sculpture...", en *WJT Mitchell, Art and The Public Sphere.* University of Chicago.

Ubicacions

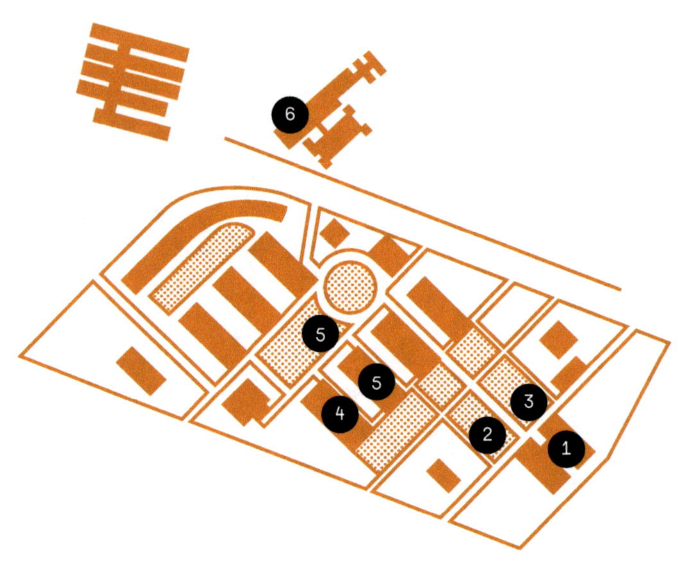

6
5
5
4
3
2
1

Campus de Burjassot

1 Vicente Aguado
El espejo negro de obsidiana, 2024

2 Amaya Suberviola
Adoptar y adaptarse, 2024

3 Marco Ranieri
Todo lo que crece, 2024

4 Fernando Martínez
El que dura el dia, 2024
Dia 14 de juliol de 2024
Dia 23 de setembre de 2024

5 Col·lectiu FORAT
(Marta Negre + Andreu Signes)
RFR/RFX°, 2024

6 Edu Comelles
Els Degotalls o per què és més fàcil imaginar la fi del món que la del capitalisme, 2024

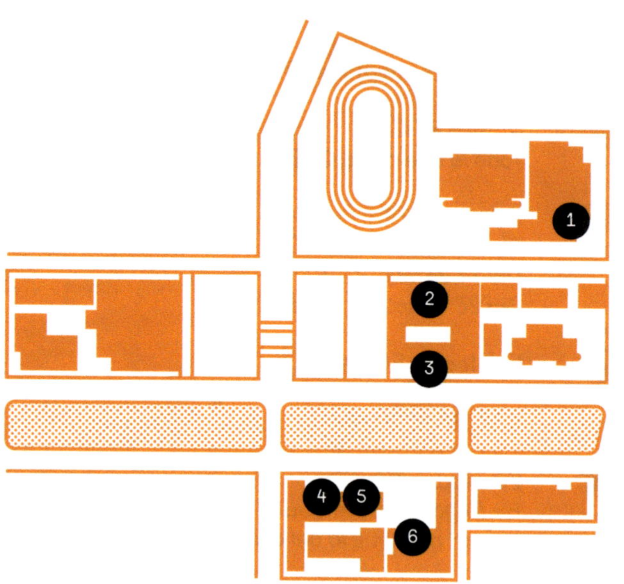
1
2
3
4
5
6

<u>Campus de Blasco Ibáñez</u>

1. Alba Mayol
Anemone, 2024

2. Noé Bermejo
NO PUEDO MÁS, 2024

3. Álvaro Porras Soriano
Galopar de arenas pedestales, 2024

4. Teresa Marín García
Topología de una táctica de fuga, 2024

5. Rafael Tormo
IP33. L'Existència d'un Buit; Absència Definitiva, 2024

6. María García Sánchez
Retrato institucional, 2024

Intervencions

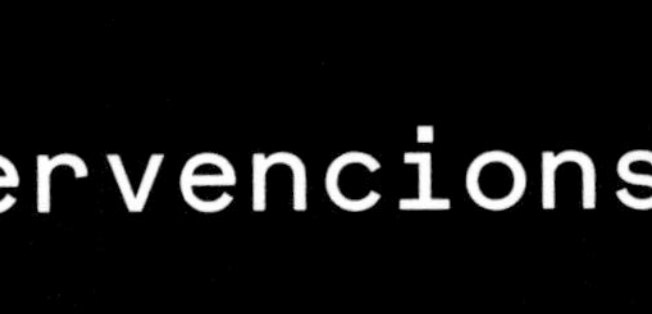

Campus de Burjassot.
Lavabos de la Biblioteca
de Ciències Eduard Boscà

Vicente Aguado

L’espill negre d’obsidiana, 2024

Vinil adhesiu semiopac sobre
espill, 60 x 40 cm c/o

Tot el món té un espill en què es mira de matí. S'hi reflecteix i veu l'aspecte que té. També ara, tot el món té un telèfon amb una pantalla on es reflecteix no el que és, sinó el que voldria ser.

Amb aquesta instal·lació, que he titulat *L'espill negre d'obsidiana*, invite a reflexionar entorn del fet de mirar-se a l'espill. En un espai íntim i clarament separat com és un bany públic, qualsevol pot evocar idees sobre la construcció de la imatge personal: com ens veiem, com ens percebem i com volem ser percebudes en l'era de la hiperconnexió digital, on totes les persones pateixen una certa escissió de la realitat física, fruit de la constant sobreexposició en xarxes socials.

La metàfora de l'espill negre evoca la pantalla del telèfon mòbil, on també ens reflectim tot el temps i on construïm diferents realitats que, sovint, ocasionen problemes socials i mentals. L'al·lusió a la pedra obsidiana —que en el seu estat natural és de color negre i és un dels minerals més difícils de tallar i trencar— assenyala directament el tradicional espill d'obsidiana utilitzat antigament com a portal o via de connexió al preternatural, el món dels esperits i les dimensions màgiques.

Justament, les xarxes socials sovint fan de portal màgic a altres realitats, on molta gent viu la vida que realment voldria tenir o es mostra com realment desitja mostrar-se. El nostre personal espill negre d'obsidiana seria llavors el dispositiu mòbil que portem en la butxaca quasi permanentment.

La idea d'aquesta instal·lació és provocar la reflexió després de mirar-nos a un espill que ens torna la nostra imatge enfosquida, distorsionada, diferent del que creiem ser. L'acte de mirar-se a un espill, que interpel·la directament als nostres mecanismes d'autoacceptació, potser activarà certs engranatges en la profunditat de la nostra psique. L'espill com a pantalla del dispositiu digital que, en mostrar-se enfosquit, actua com a pont entre el tangible i l'intangible.

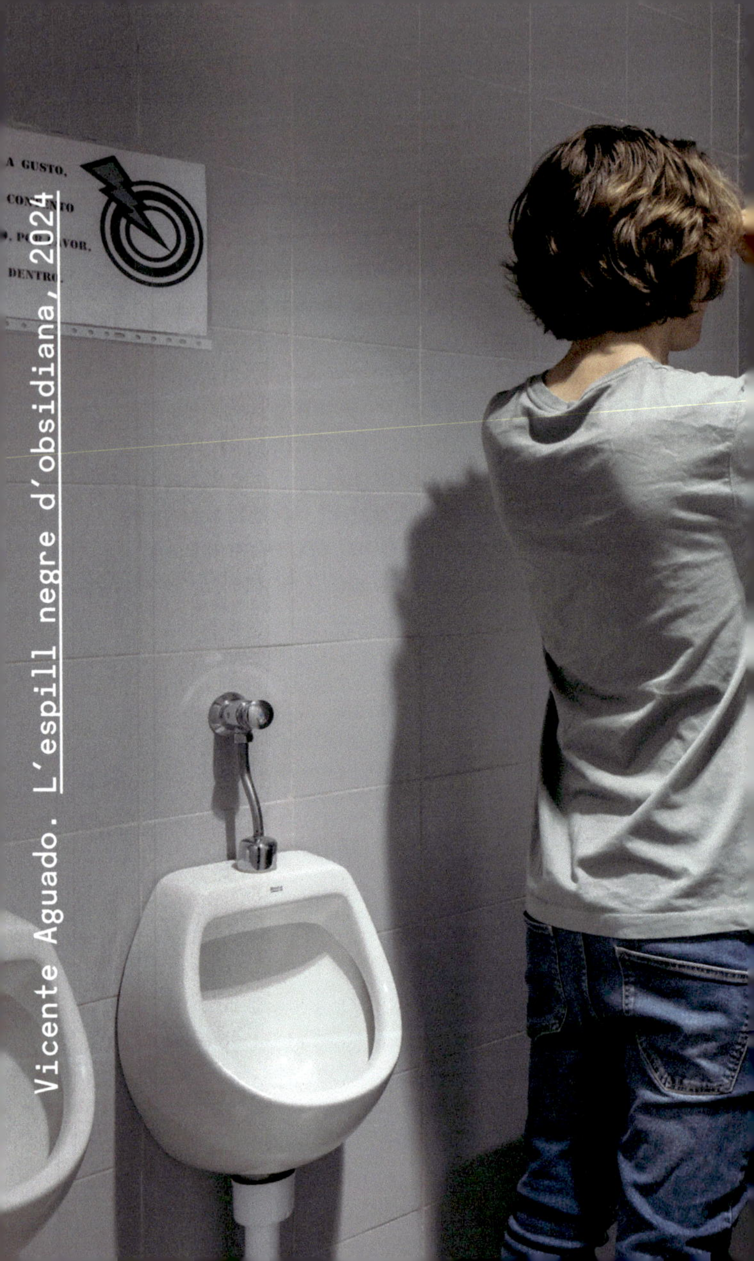

Vicente Aguado. L'espill negre d'obsidiana, 2024

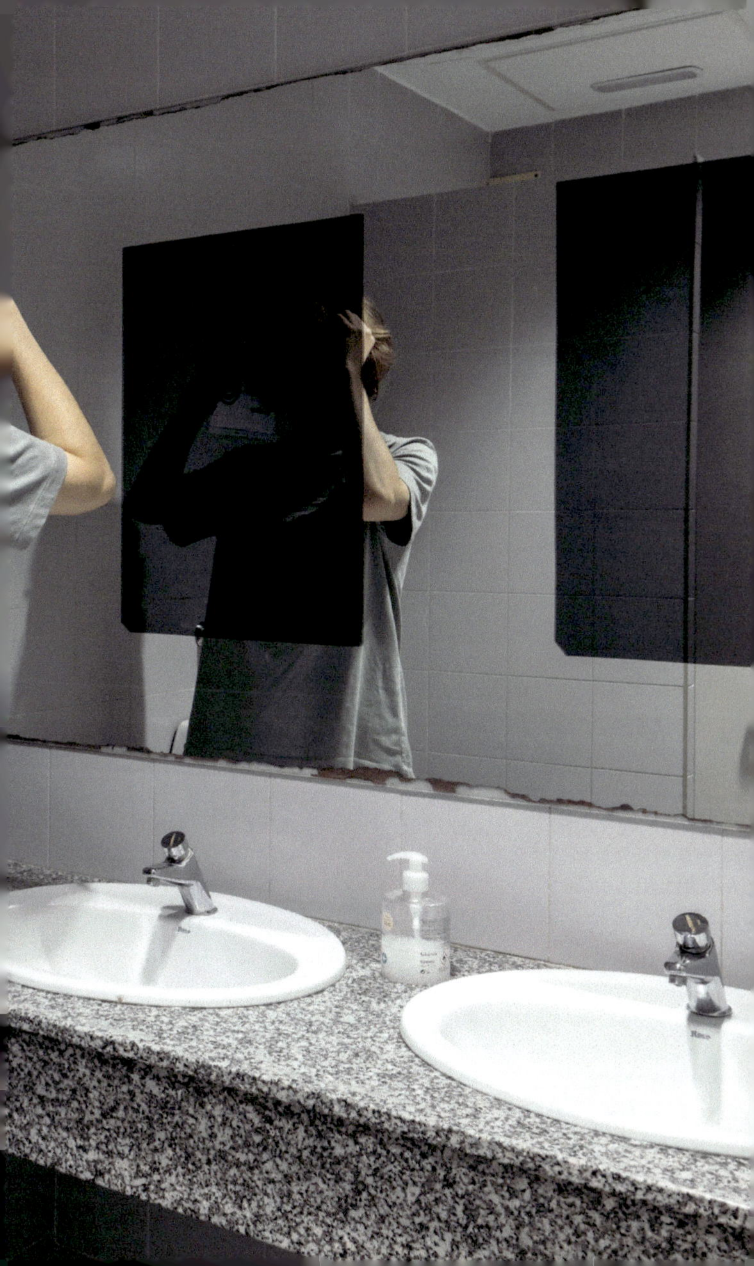

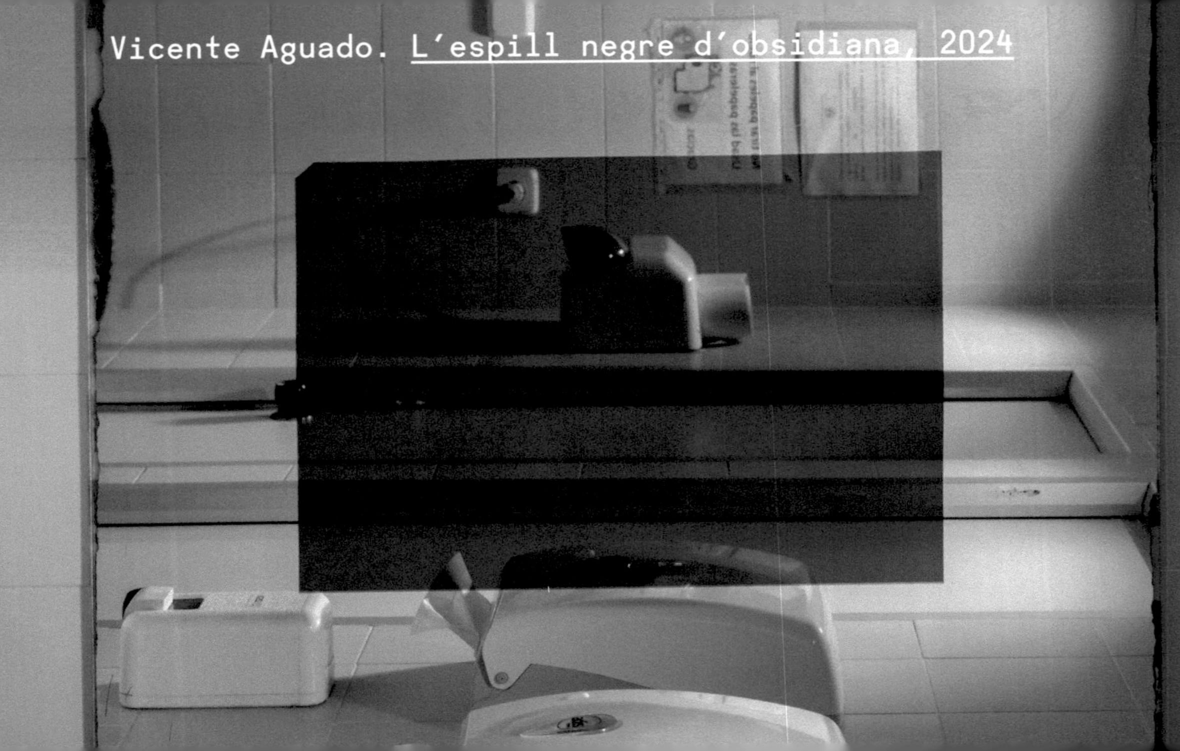

Vicente Aguado. *L'espill negre d'obsidiana*, 2024

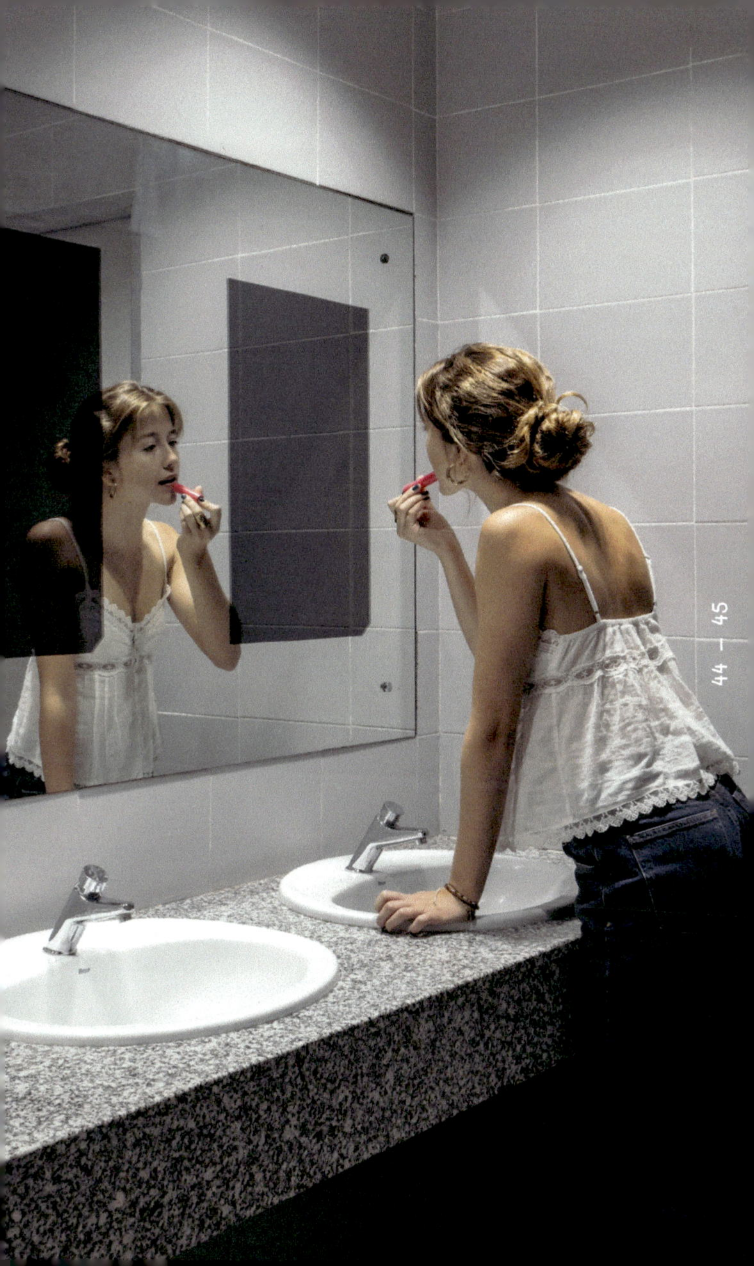

Campus de Burjassot.
Jardí de la Biblioteca Eduard Boscà

Amaya Suberviola

Adoptar i adaptar-se, 2024

Pintura a l’aigua serigrafiada
sobre gespa, mides variables

El títol *Adoptar i adaptar-se* fa referència a un subjecte que acull una forma que no és de la seua naturalesa, i una forma que s'emmotla al subjecte tenint en compte la seua corporeïtat i les seues normes.

Generalment, en la meua obra, em detinc en les característiques particulars de les imatges i els seus contenidors, propis de la meua generació, per a plantejar una traducció a pintura. A fi de traduir-les a un llenguatge pictòric, fins ara he estudiat característiques que s'esdevenen en suports com ara pantalles de dispositius digitals o contenidors publicitaris. Això m'ha permès crear obres des de les seues particularitats i aprofundir, per exemple, en la superposició de motius, la falta d'informació o la reproducció seriada.

Dins d'un context en què convivim amb multitud de suports creats per a albergar i visualitzar imatges, em pregunte com afectarien en la imatge els suports que no han sigut dissenyats per a contenir-les, i com podria ser protagonista la repercussió que pot tenir un suport. Aquesta acció plantejada per a la convocatòria XXVII Mostra Art públic / Universitat pública desenvolupa una resposta a aquestes qüestions usant gespa natural com a suport i una imatge serigrafiada a manera de patró com a forma. L'obra busca assenyalar la relació entre continent i contingut, la convivència orgànica entre dos subjectes nascuts sota directrius diferents, cosa que ocorre en la comunió entre adoptar i adaptar-se.

Es tracta d'una intervenció de serigrafia sobre gespa de 320 × 240 cm, de 48 estampes realitzades amb pintura vegetal, la mateixa que s'usa per a pintar les línies dels camps esportius. Durant els quatre dies que vam estar treballant en la instal·lació, va ser molt interessant veure com la imatge canviava cada dia quan la gespa es despentinava, la regaven, creixia o la xafaven. En l'estudi, normalment és el pintor el responsable del resultat del quadre a través de les seues accions, i em resulta molt atraient veure com l'autoria pot delegar-se en el suport.

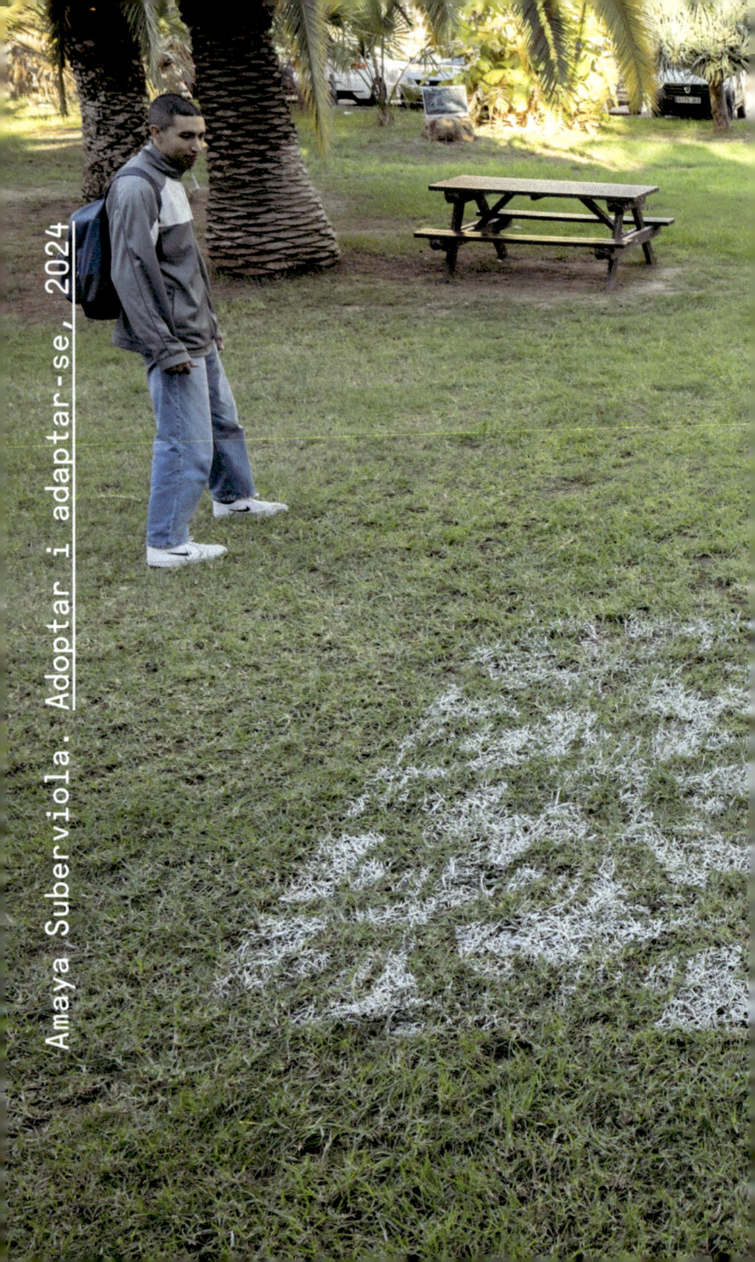

Amaya Suberviola. Adoptar i adaptar-se, 2024

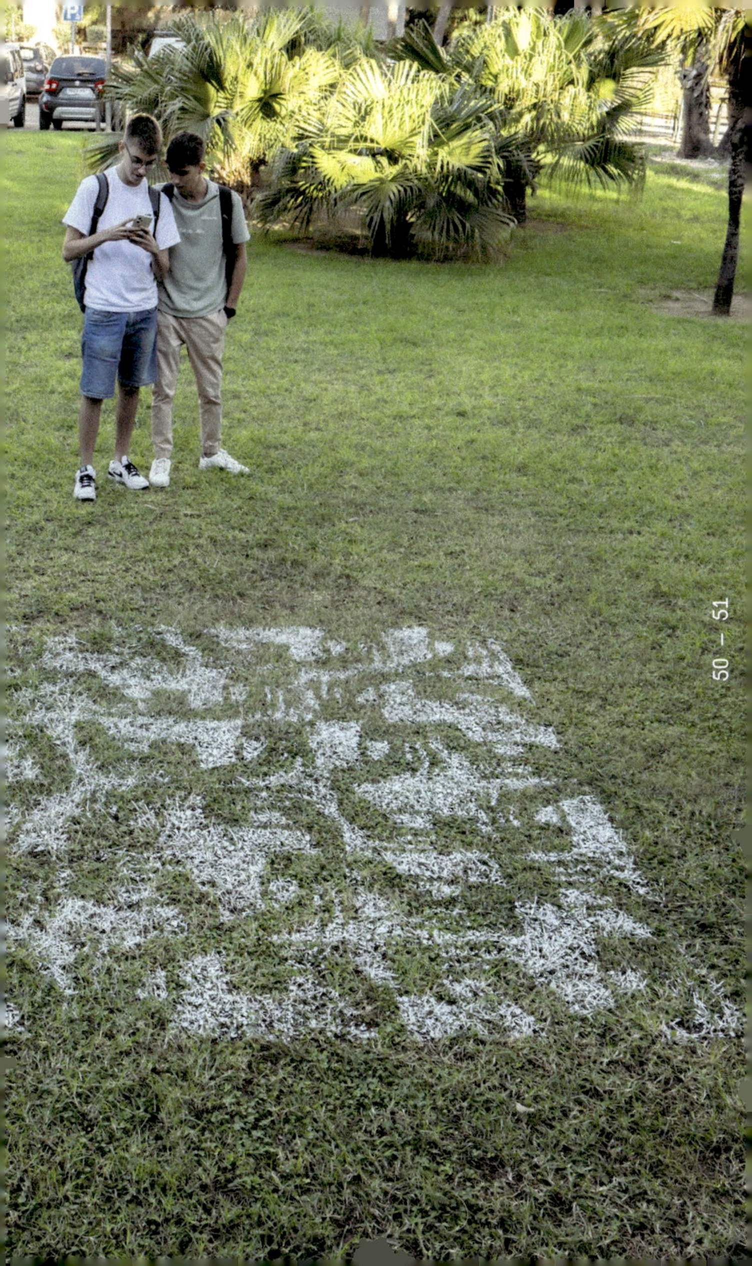

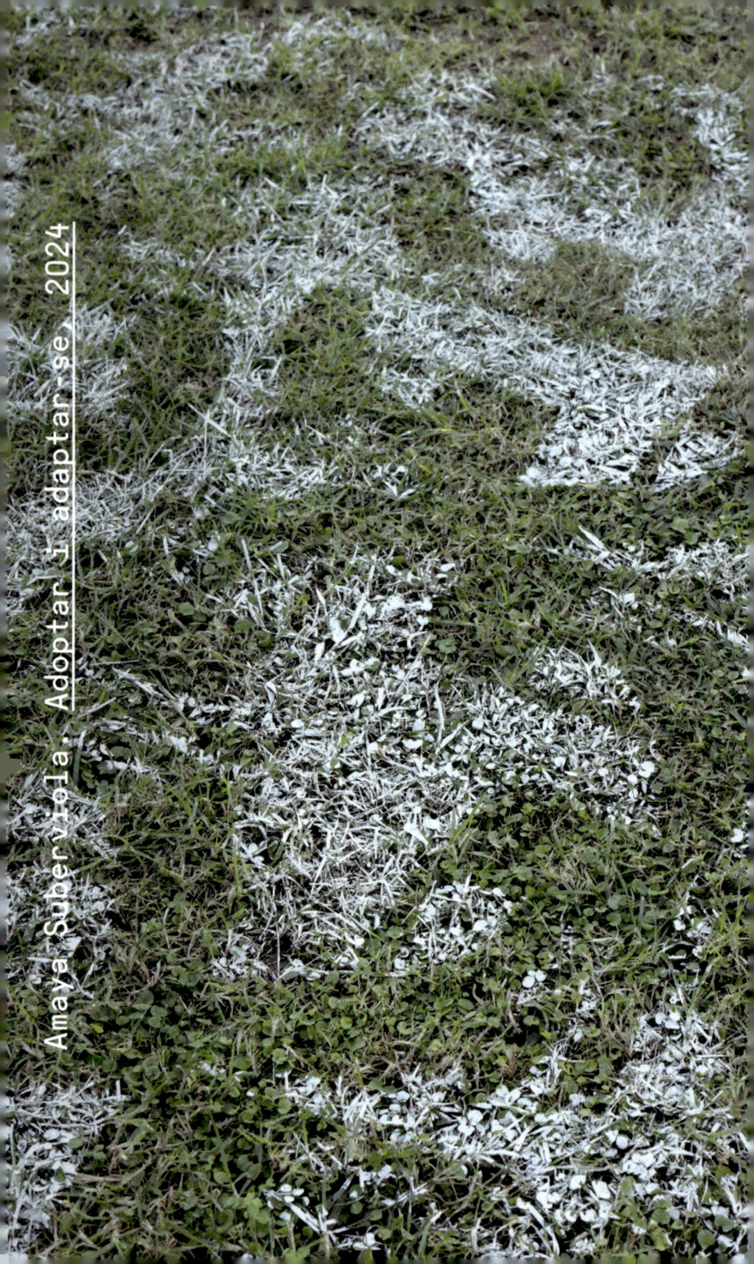

Amaya Suberviola. Adoptar i adaptar-se, 2024

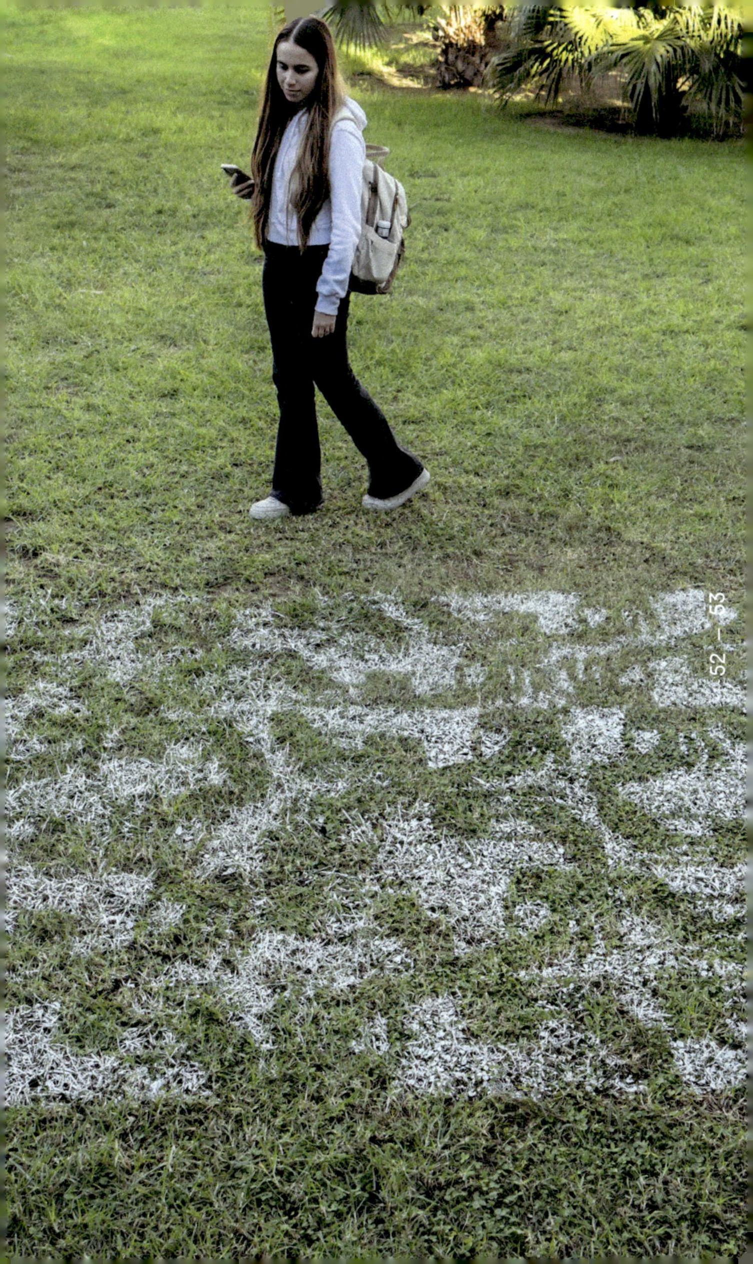

Campus de Burjassot.
Jardí de la Biblioteca de Ciències Eduard Boscà
Grup de treball: alumnes i professores de les facultats de Magisteri, Geografia i Història i Ciències Biològiques

Marco Ranieri

<u>Tot el que creix, 2024</u>

Herbari artístic comunitari

Metall, canyes, vídeo, estampació botànica i cianotípia sobre tela de cotó orgànic

Hi ha una frase en el llibre *El disputado voto del señor Cayo*, de Miguel Delibes, que diu: «¿Qué va a ocurrir aquí el día en que [...] no se encuentre a una sola persona que sepa para qué sirve la flor del saúco?».

Aquest projecte tracta del fet que no arribem mai a contestar aquesta pregunta.

Tot el que creix és un projecte d'investigació artisticobotànica comunitària i itinerant dissenyat per a realitzar-se en pobles rurals xicotets i en ciutats que han rebut, o continuen rebent, un fort flux migratori des d'aquests pobles i àrees rurals. L'accés als estudis superiors i universitaris continua sent un dels motius principals de migració del camp a la ciutat. Així, en ocasió de la XXVII Mostra Art públic / Universitat pública s'ha proposat fer una edició del projecte interpel·lant la comunitat universitària de la Universitat de València.

Aquesta investigació s'ha efectuat amb professores i alumnes de les facultats de Magisteri, Geografia i Història i Ciències Biològiques, amb els quals s'ha reflexionat al voltant de la vegetació local, domèstica i familiar, i els coneixements locals situats, tradicionals i subalterns. Així mateix, s'han indagat les relacions emocionals i afectives que establim amb les plantes amb què cohabitem.

A través d'una sèrie de trobades, dinàmiques i processos participatius s'han generat recursos artisticobotànics per al coneixement rural que contribueixen a la transmissió i recontextualització dels sabers botànics: un catàleg i un viver de plantes, representatiu de les plantes companyes vinculades a les participants, i un herbari participatiu realitzat amb les tècniques de l'*ecoprint* en el cas d'aquelles plantes que presenten també algunes propietats tintòries, i de la cianotípia en el cas de plantes que no posseeixen aquestes propietats i/o poden tenir algun grau de toxicitat.

Aquests resultats s'han exposat durant la XXVII Mostra Art públic / Universitat pública amb la creació, al jardí de la Biblioteca de Ciències, d'una instal·lació composta per un hivernacle transitable que ha acollit el viver, i una estructura de canyes sobre la qual s'ha desplegat l'herbari.

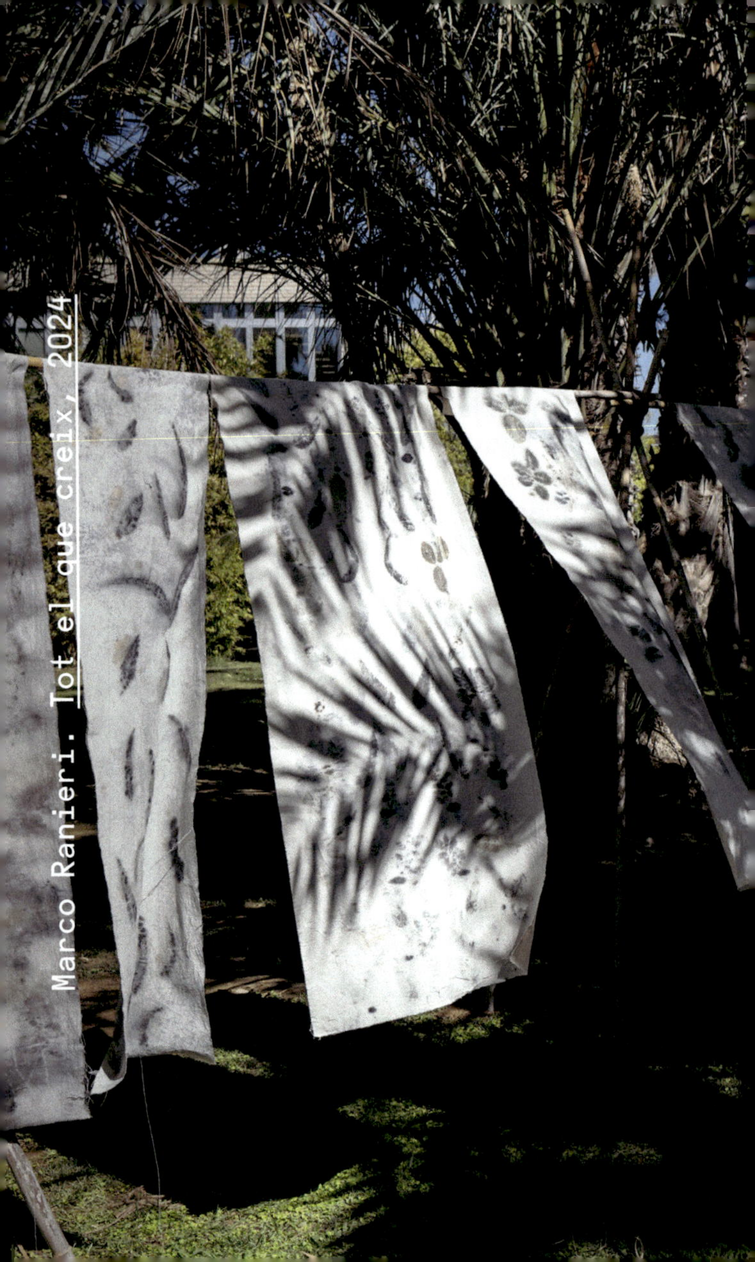

Marco Ranieri. *Tot el que creix*, 2024

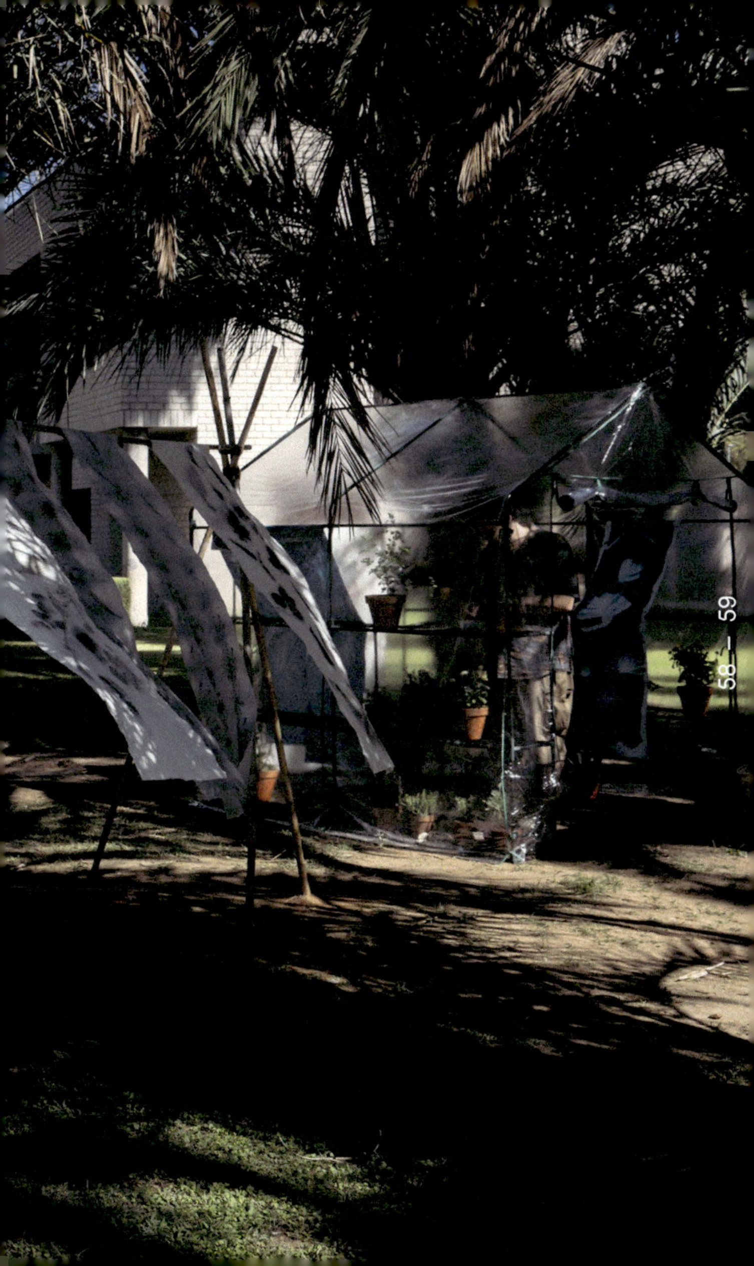

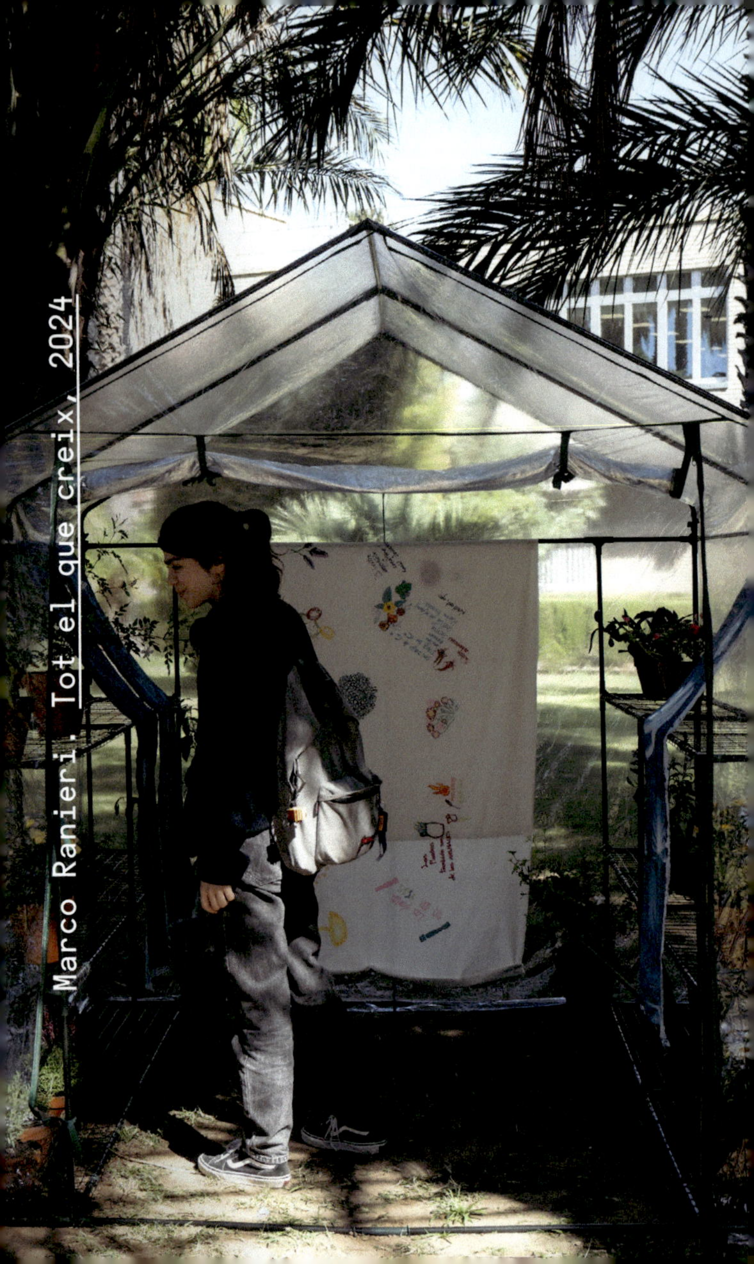

Marco Ranieri. *Tot el que creix*, 2024

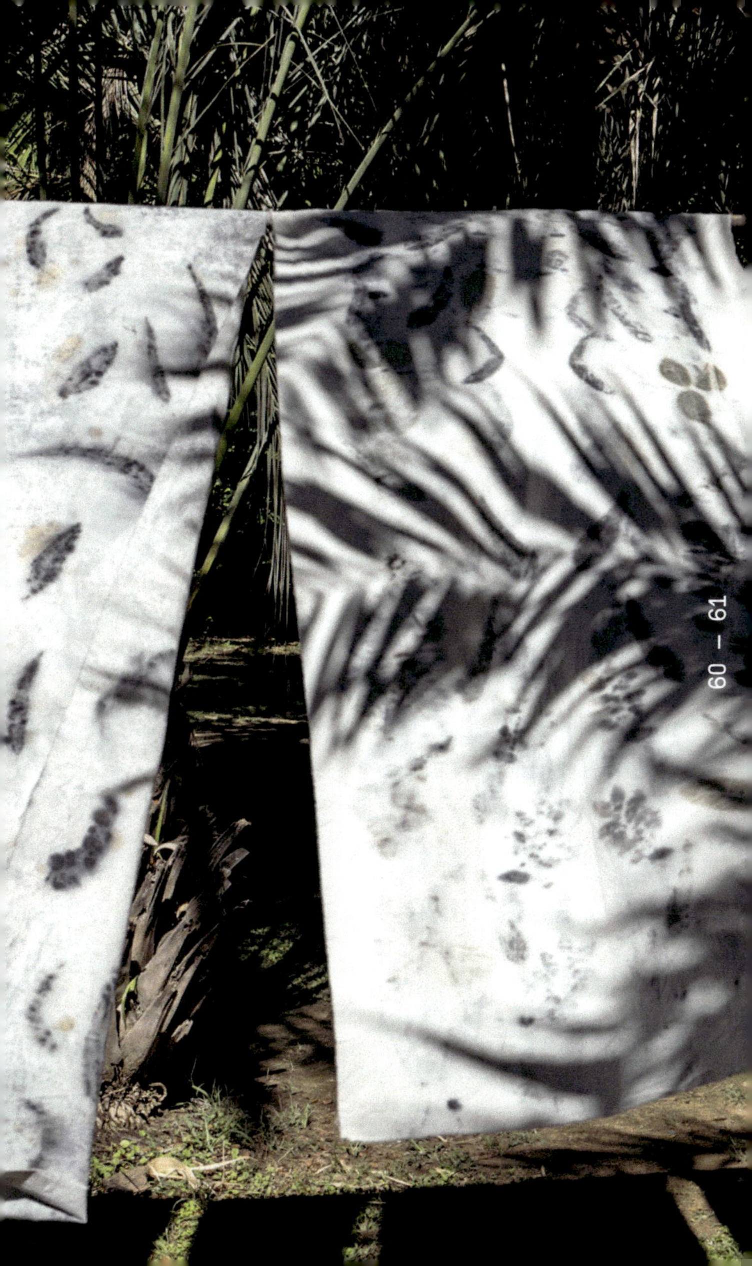

Campus de Burjassot.
Facultat de Física, planta baixa, bloc C

Fernando Martínez

<u>El que dura el dia, 2024</u>

<u>Dia 14 de juliol de 2024</u>

<u>Dia 23 de setembre de 2024</u>

Cianotípies en paper Fabriano

Rosaspina 285 g, 100 x 70 cm

Caixa de fusta sobre cavallets, 2024

26 x 106 x 77 cm

Mirar els núvols passar, veure com varien els colors del cel a l'alba o al capvespre sobre l'horitzó. Parar atenció a aquells subtils canvis en el paisatge que fan detenir l'accelerada i hiperestimulada realitat imposada avui dia. No fa tant des que la pandèmia ens va obligar a parar, a frenar en sec i experimentar d'una altra manera el temps. Hi ha qui ho explica com un període d'angoixa on els dies passaven lentament. No obstant això, altres es van sentir alliberats per primera vegada i van abraçar conscientment el transcurs dels dies. Resulta curiós com contrasta la percepció subjectiva a vegades amb el temps físic.

El que dura el dia és un projecte que persegueix la idea de materialitzar el pas del temps des d'una mirada artística, registrant el desplaçament del sol per la volta celeste durant el transcurs del dia. Per mitjà d'una caixa de fusta que actua com a cambra obscura, la llum solar penetra a través d'un òcul, incideix sobre un paper emulsionat amb sals de ferro fotosensibles i captura el trànsit de l'astre en un dia. A hora foscant es revela la cianotípia i s'obté la línia «dibuixada» pel sol, la curvatura de la qual fluctua segons l'altitud del sol en l'estació de l'any, o mostra diferents gradacions de color segons l'hora del dia. Fins i tot el possible pas de núvols que oculten ocasionalment la llum queda traduït en discontinuïtats. Empremtes del pas del temps traduïdes a un llenguatge abstracte que al·ludeix a la pintura com a mitjà i nova manera de percebre'l.

En la realització d'aquest projecte ha col·laborat el Departament d'Astronomia i Astrofísica de la Facultat de Física, que ha cedit el terrat que es troba al costat dels telescopis de l'Aula d'Astronomia per a realitzar una de les intervencions, afegint un valor simbòlic a l'obra.

La instal·lació presentada consta de la caixa de fusta, fotografies que documenten les intervencions artístiques i dues cianotípies realitzades durant el solstici d'estiu i l'equinocci de tardor, que ens conviden a reconquerir l'atenció individual i la presa de consciència del nostre temps intern per a minorar els ritmes frenètics que hem acollit com a propis.

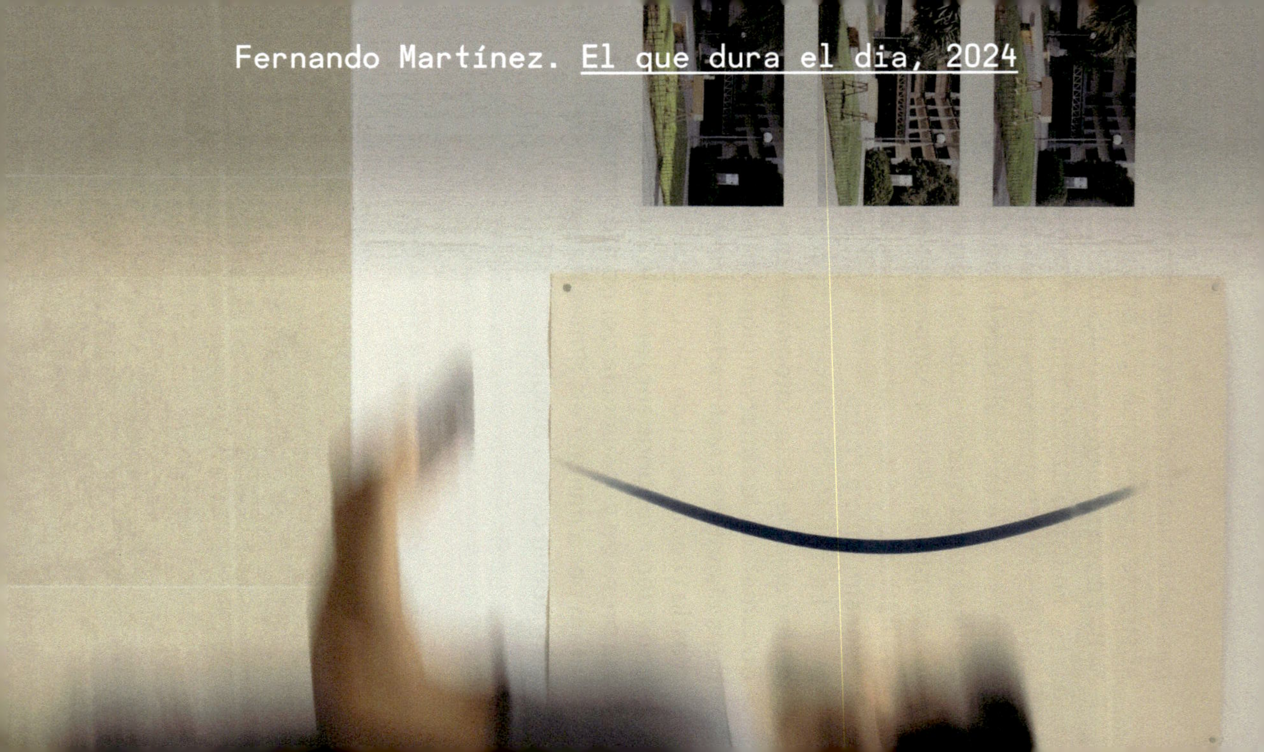

Fernando Martínez. El que dura el dia, 2024

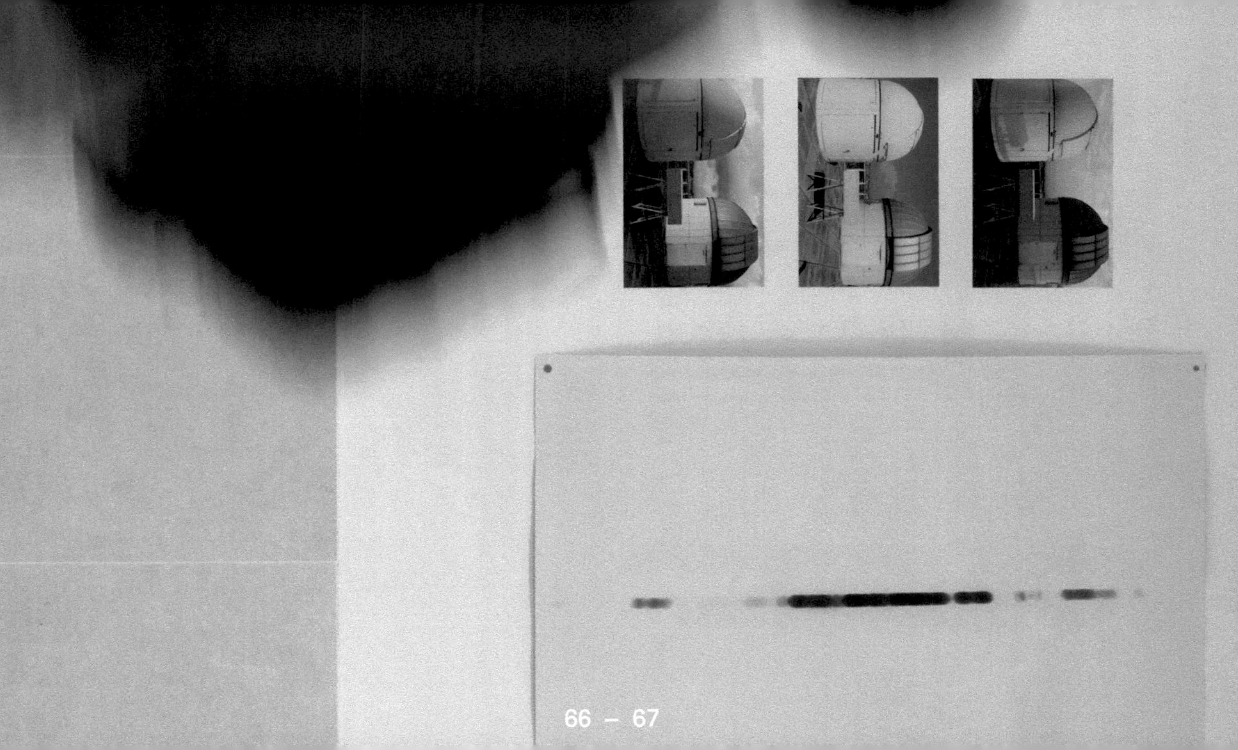

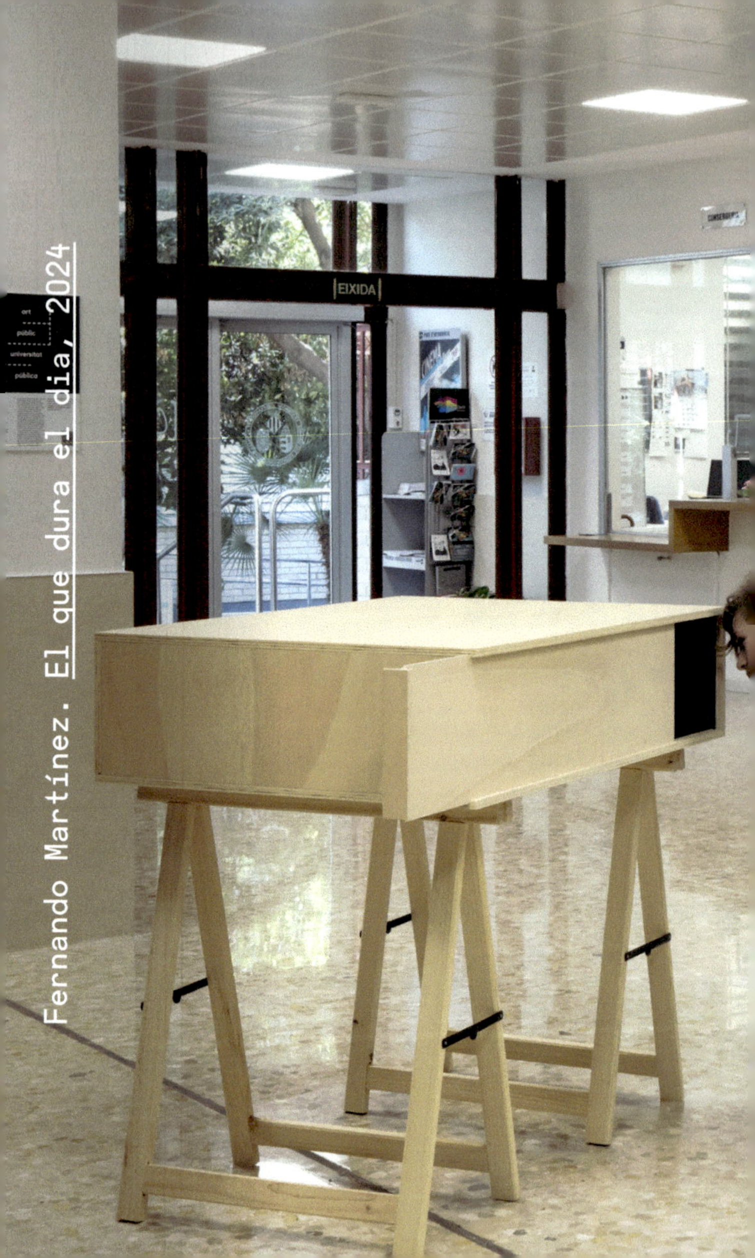

Fernando Martínez. El que dura el dia, 2024

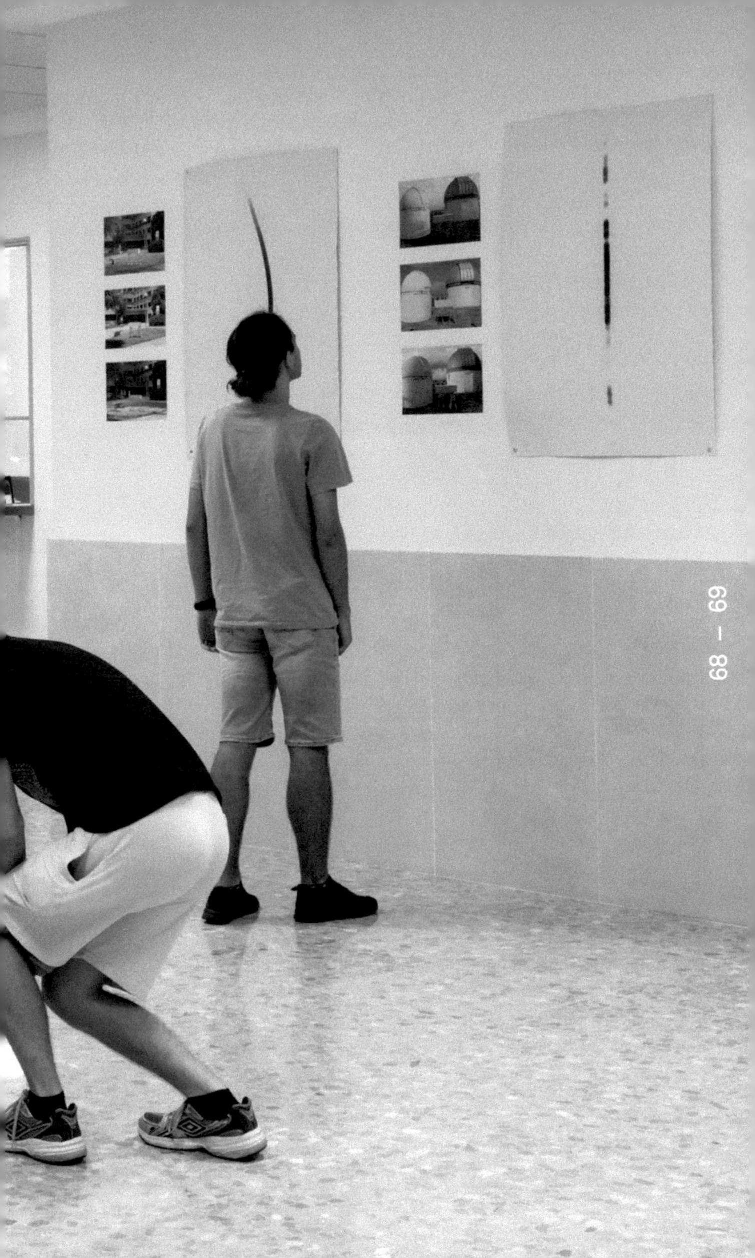

Campus de Burjassot.
Facultat de Física, bloc D, primer pis.

Col·lectiu FORAT

(Marta Negre i Andreu Signes)

<u>RFR/RFX°, 2024</u>

Cent esferes acríliques cristal·lines de 8 cm de diàmetre amb espill doble

Font central

Càpsula de vídeo digital, full HD, color, so

Recordem el mite grec del jove Narcís, que acostant-se a un rierol a admirar el seu rostre reflectit a l'aigua, quedà instantàniament atrapat pel seu propi reflex, i abstret, s'abocà al fons de l'estany sense poder-ne sortir mai més.

La instal·lació *site specific RFR/RFXº (Refracció/Reflexió superíndex esfera)* ens convida a observar, davant la font situada al costat de la Facultat de Física del campus de Burjassot, alguns fenòmens òptics relatius a la refracció i reflexió mitjançant un centenar d'esferes acríliques disperses en flotació. La peça s'activa i s'articula de manera variable segons les condicions climatològiques i lumíniques que afecten al campus diàriament, així com per la interacció amb el mateix alumnat.

RFR/RFXº reflexiona sobre l'interés perdut en l'observació del món físic, natural i orgànic a partir de l'obnubilació causada pel resplendor de la llum de les pantalles i dels dispositius mòbils hiperconnectats. Una societat irreversiblement digitalitzada que deriva cap a un preocupant estat de solitud i narcisisme, segons alguns pensadors i pensadores referents actuals.

L'acció es complementa amb una videocreació que pot visionar-se a través d'un codi QR i en una pantalla de vídeo ubicada a la mateixa Facultat de Física. Aquesta proposta visual sobre el sentit de les societats contemporànies «refractades» s'articula a través d'imatges reals de bambolles gravades des d'una altra perspectiva, ara baix de l'aigua, amb diferents efectes lumínics. S'articulen alguns conceptes relatius a la identitat contemporània en la seua dependència d'exhibició i representació digital.

El final del vídeo tanca, metafòricament, amb imatges superposades seqüencialment de diferents quadres del mite de Narcís, diluïts sobre un fons aquàtic.

La transcripcció diu:

Dispositius hiper ubics d'un món digital
per la suma de les seues interfícies.
Múltiples pantalles activades per
representar auto-identitats.
Temps biològic transformat en temps
algorítmic transformat en temps
cronoscòpic.
Momenta, còpies virtuals en un
continuum ritual d'exhibició.
Videoesfera exponencial.
Societats refractades.

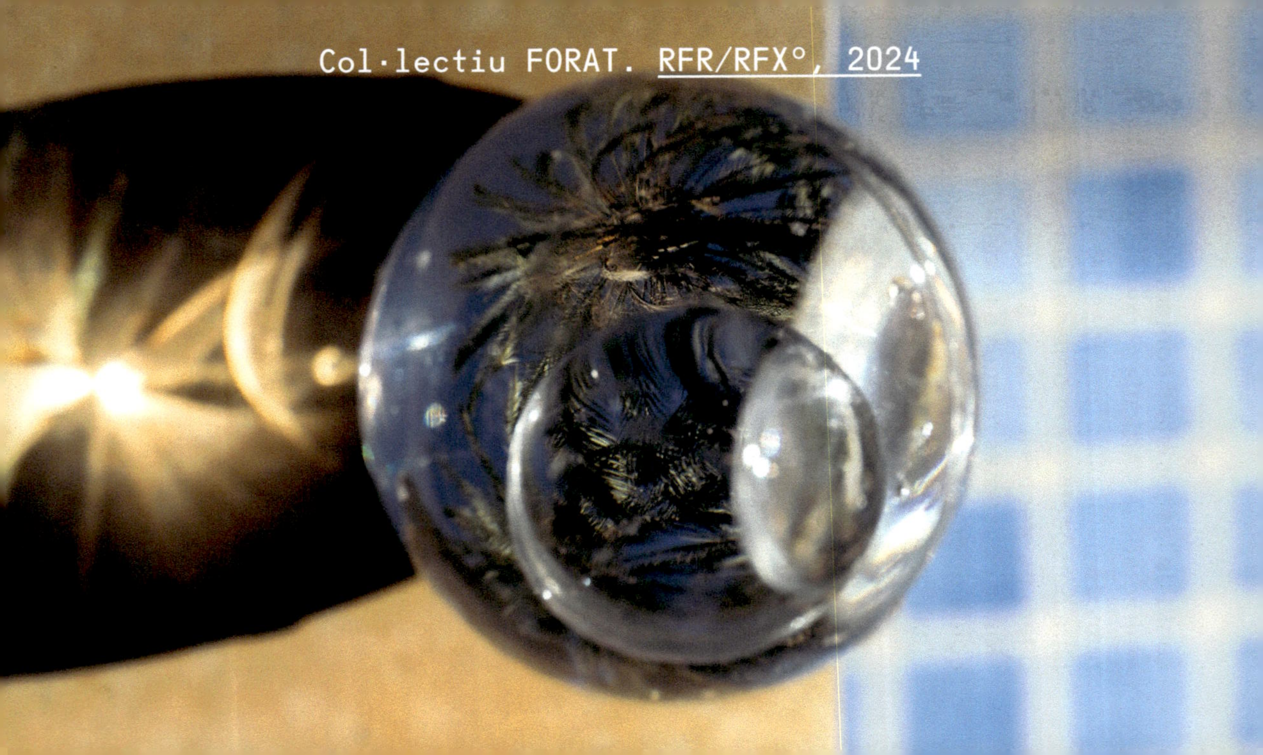

Col·lectiu FORAT. RFR/RFX°, 2024

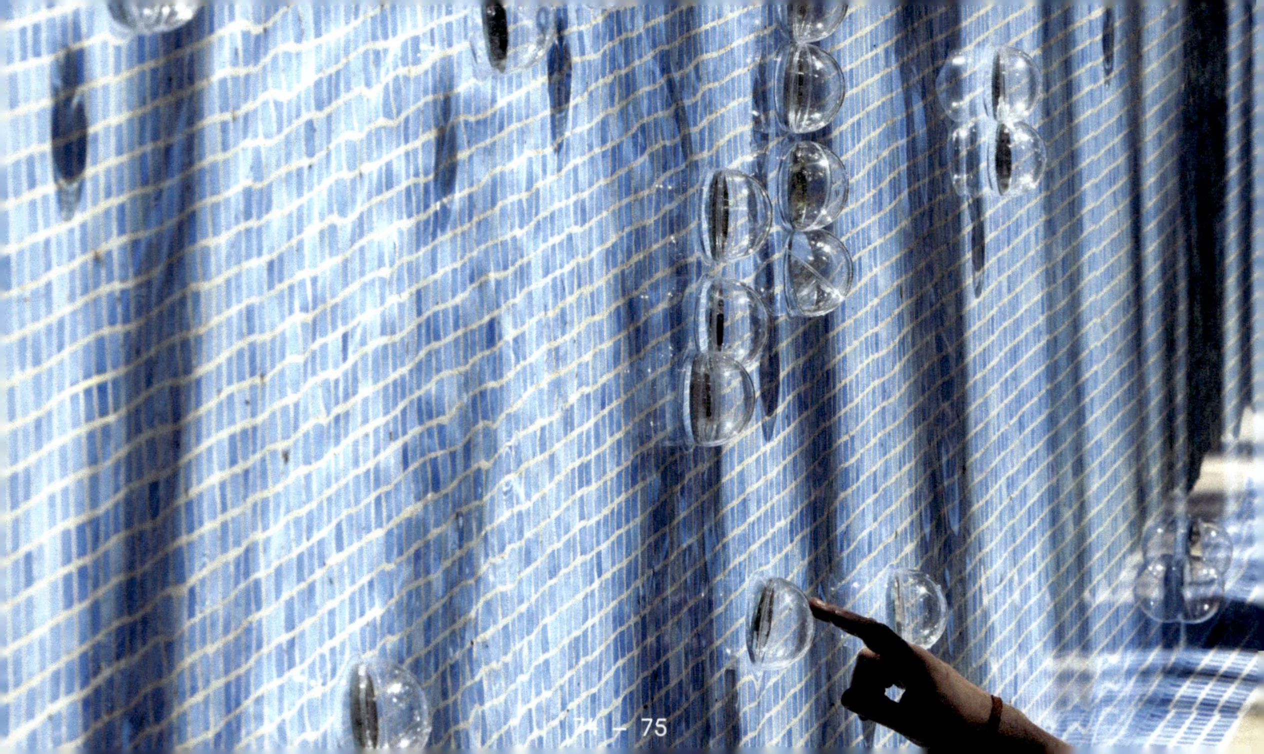

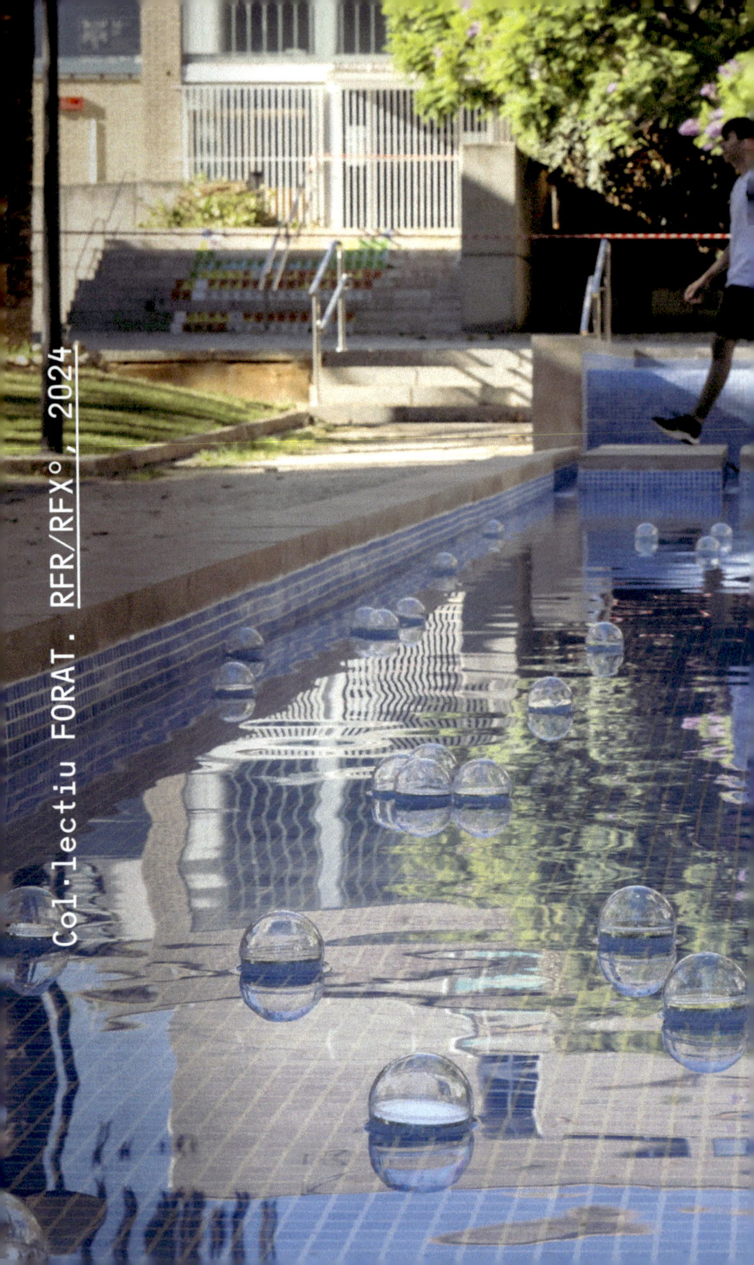

Col·lectiu FORAT. RFR/RFX°, 2024

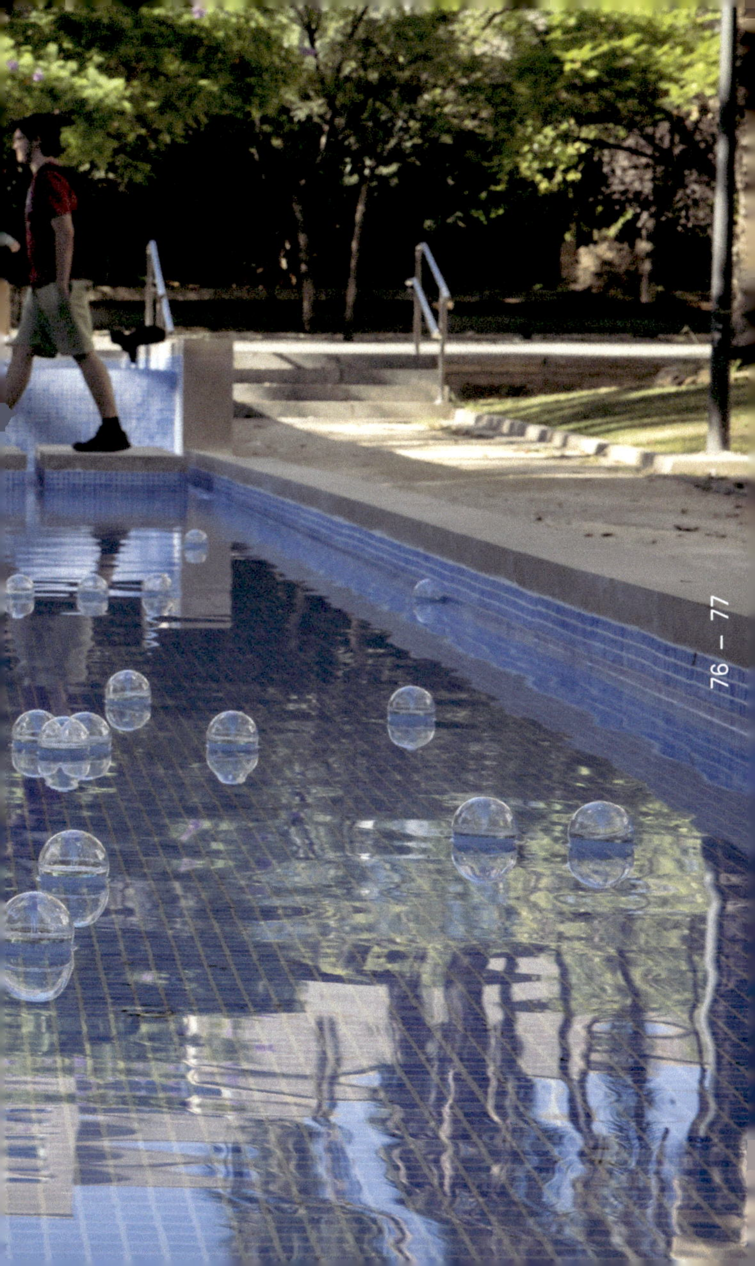

Campus de Burjassot.
Aulari interfacultatiu. Facultat de Farmàcia.
Vestíbul, planta baixa.

Edu Comelles

Els Degotalls o per què és més fàcil imaginar la fi del món que la del capitalisme, 2024

Poals de cartró reciclat,
altaveus i gravacions de camp

Dimensions variables

Els Degotalls parteix de la pràctica quotidiana de situar poals en llocs estratègics dels edificis que habitem per evitar goteres. Aquesta pràctica comuna, improvisada i precària, esdevé metàfora del fracàs de l'arquitectura davant la natura, i l'aigua que s'obre camí en un temps de climatologia extrema.

Aquesta instal·lació sonora desplega diverses idees creuades com a reflexió sobre l'estat actual de col·lapse ambiental en què vivim immersos. És també metàfora de les evidents fissures en el sistema i de com sovint oblidem una realitat que tenim a sobre.

Els Degotalls aborda les idees establertes per Fredric Jameson (Cleveland, 1934) en la cita que subtitula aquesta obra, i tot el que aquesta reflexió amaga. Alhora, l'obra es nodreix del sistema dissenyat pel personatge interpretat per Brendan Gleeson a la pel·lícula *28 Days Later* (Boyle, 2002), on crea una instal·lació a la teulada del seu refugi postapocalíptic per recollir aigua de pluja. Tanmateix, l'obra traça punts d'unió amb expressions de la cultura popular com «fer aigües», en relació amb una situació insostenible que es troba en vies de desmantellament.

Aquesta instal·lació sonora és, al capdavall, un dispositiu simbòlic per enfrontar diferents reflexions que emanen de la metàfora dels degotalls: canvi climàtic, sostenibilitat, col·lapsisme, amb aspectes com l'absència d'aigua a través del registre sonor i les seves connotacions conceptuals, o la metatextualitat de les referències a l'imaginari postapocalíptic audiovisual, així com l'ús deliberat de materials fràgils i reciclats.

La formalització estètica de la peça parteix de l'imaginari simbòlic del poal per evitar goteres i reconstrueix aquesta imatge icònica utilitzant cartró reciclat, un material d'ús diari que, a través del seu processament, esdevé contenidor sonor. El conjunt autònom d'altaveus desplega un paisatge sonor hiperrealista que busca disparar la imaginació de l'espectador i l'oient, convidant-lo a suspendre la credibilitat i assumir aquest constructe com una recreació aural d'un paisatge sonor conegut i reconegut per tots.

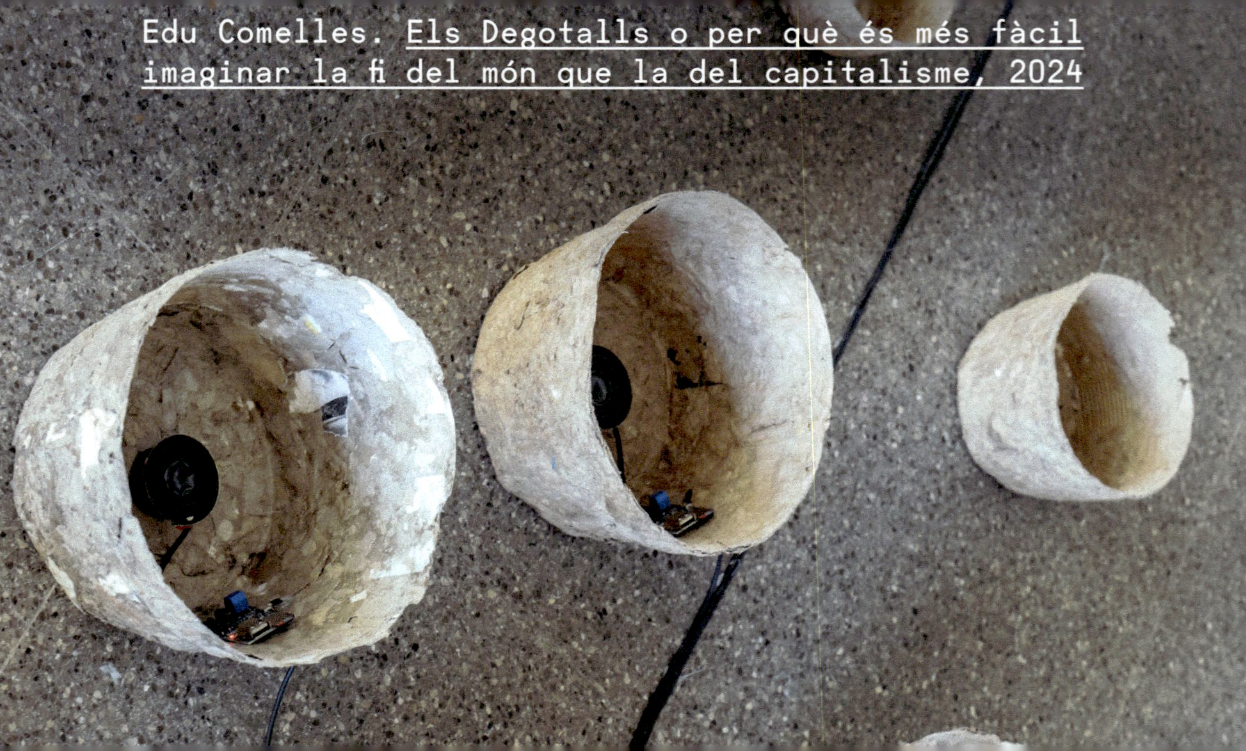

Edu Comelles. Els Degotalls o per què és més fàcil imaginar la fi del món que la del capitalisme, 2024

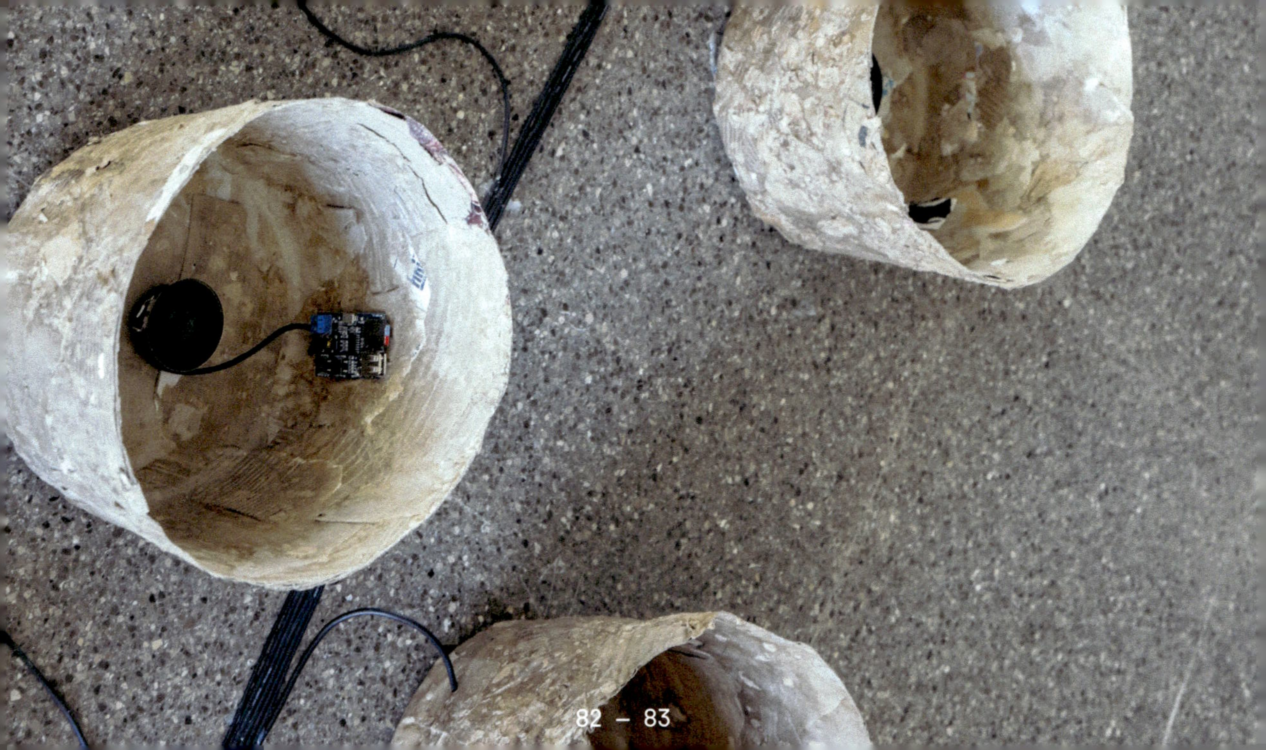

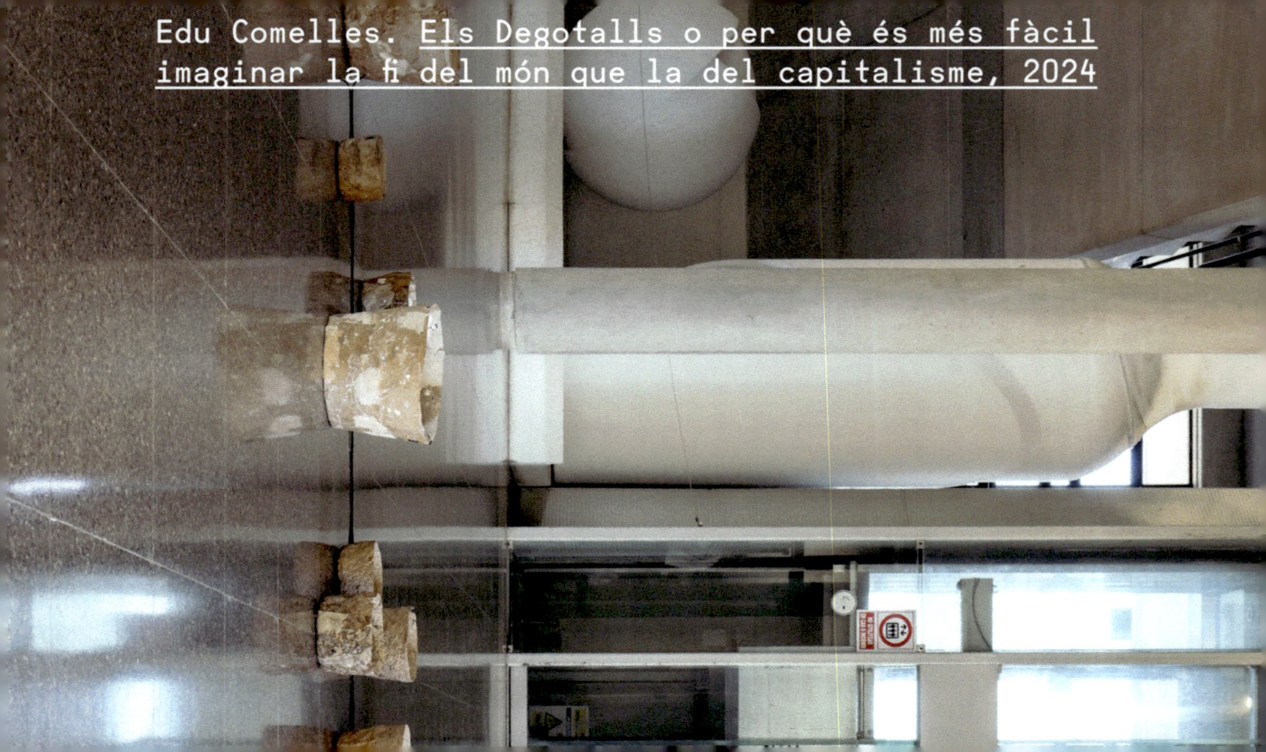

Edu Comelles. Els Degotalls o per què és més fàcil imaginar la fi del món que la del capitalisme, 2024

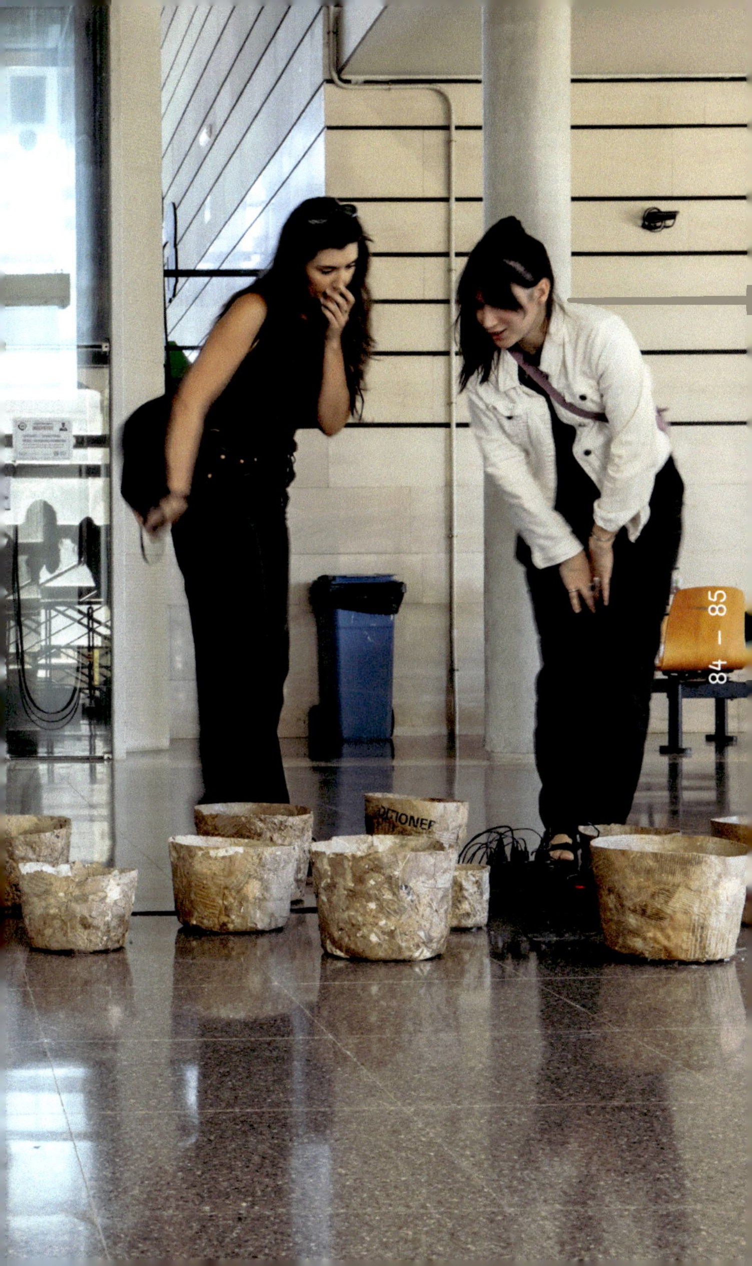

Campus de Blasco Ibáñez.
Porta principal de les facultats
de Ciències de l'Activitat Física
i l'Esport i de Fisioteràpia

Alba Mayol

Anemone, 2024

Reproducció de dibuix al llapis sobre paper, en lona de PVC amb impressió làtex, 112 x 200 cm

En el seu darrer article publicat a *L'international*, la teòrica decolonial Françoise Vergès proposa considerar Palestina com una lent a través de la qual examinar processos de descolonització a les institucions occidentals. El seu punt de partida és plantejar les anomenades democràcies liberals com a sistemes que estan intrínsecament tacats de violència, d'apropiació de terres i saqueig d'objectes que queden guardats als museus d'Occident.

En dur a terme un procés de desconstrucció ideològica del discurs del qual beu el sistema de l'art, es pot veure com ens apropem al concepte de llegat, com construïm una visió del nosaltres i dels altres, des de la dicotomia cultura/natura sobre la qual basem els principis de civilització i de modernitat, com planteja Bruno Latour. Vergès ho recull i apunta que els moviments indígenes, antiracistes i transfeministes ja contemplen un present i un futur per espècies humanes i no-humanes, ja que el seus llegats fa molt que posen en qüestió la separació humà/no-humà.

La nostra subjectivitat dins el sistema cultural, polític i econòmic que ocupem no pot obviar el fet de formar part d'un tot vulnerable i interdependent. La situació actual a Palestina ofereix una possibilitat de no retorn per considerar la nostra tasca dins les institucions culturals com una tasca política que pot prendre cos en el que Vergès denomina utopies pragmàtiques.

Com a espècie no-humana, la *anemone coronaria* viu i es reprodueix a les terres palestines, sent el símbol de la seva comunitat. Al mateix temps, la trobem a d'altres zones del context mediterrani, incloent el nostre. En paraules del poeta palestí Mahmoud Darwish:

> una flor pot alterar el nostre paisatge intern, quan les cendres grises que tenim a dins són remogudes pel batec de les ales de l'ocell verd, i sortim a trobar-la i ens entra com la nit abraça el dia, com el visible s'uneix amb l'invisible

Una manifestació de vulnerabilitat pot ser, doncs, una afirmació de força comuna en la direcció de les utopies pragmàtiques, cap a una relectura crítica que desmunte les estructures d'opressió i ens faça partícips d'un món nou que naix sobre les cendres.

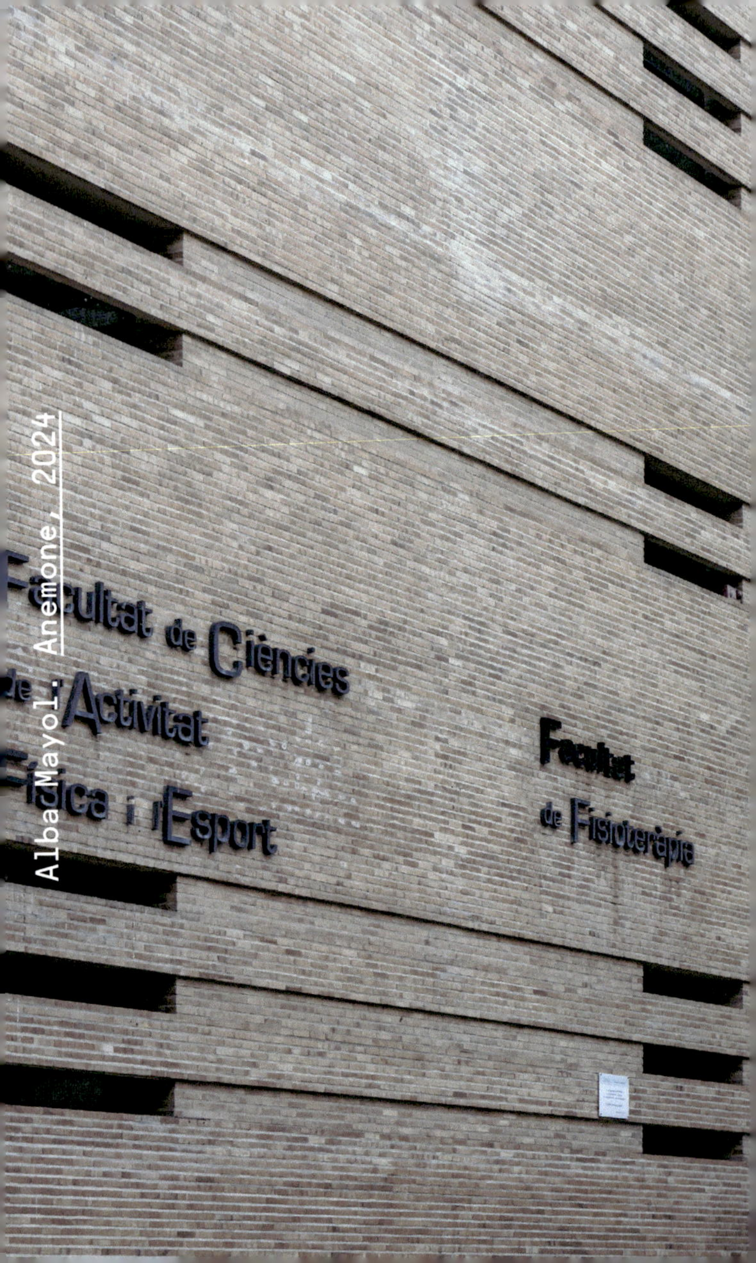

Alba Mayol: Anemone, 2024

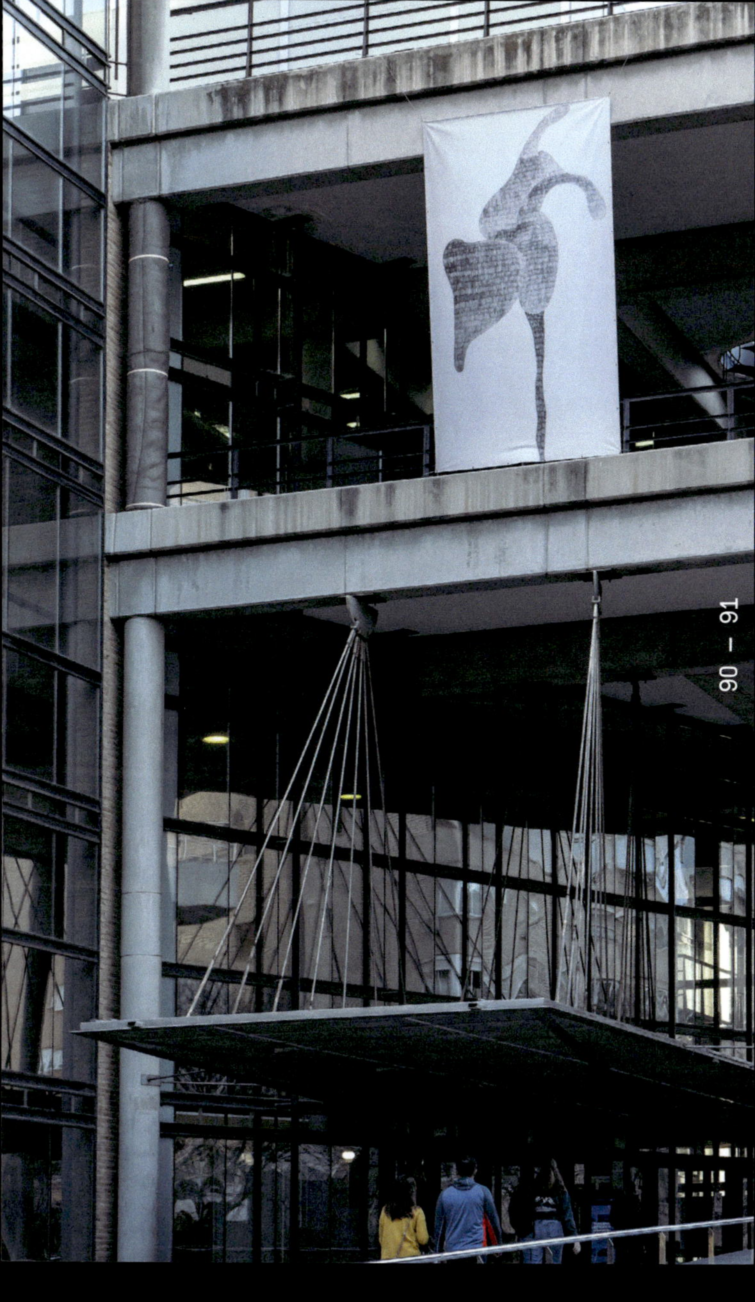

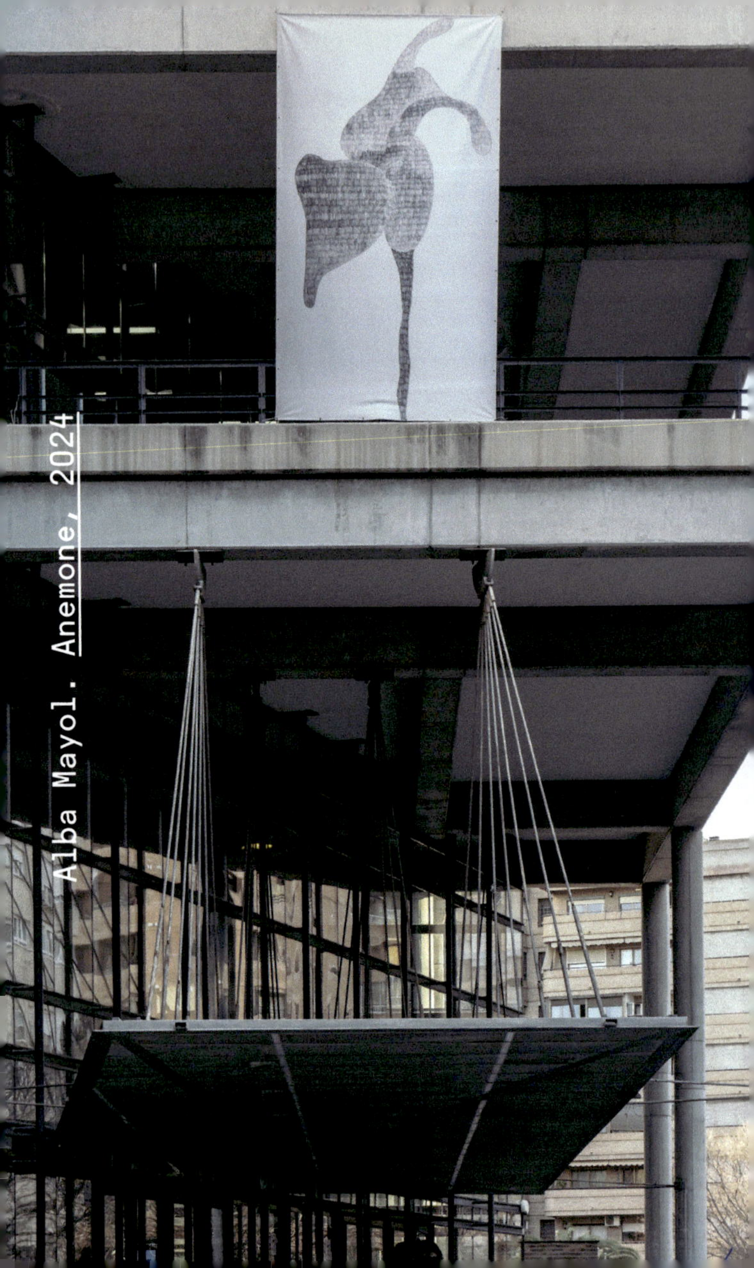

Alba Mayol. Anemone, 2024

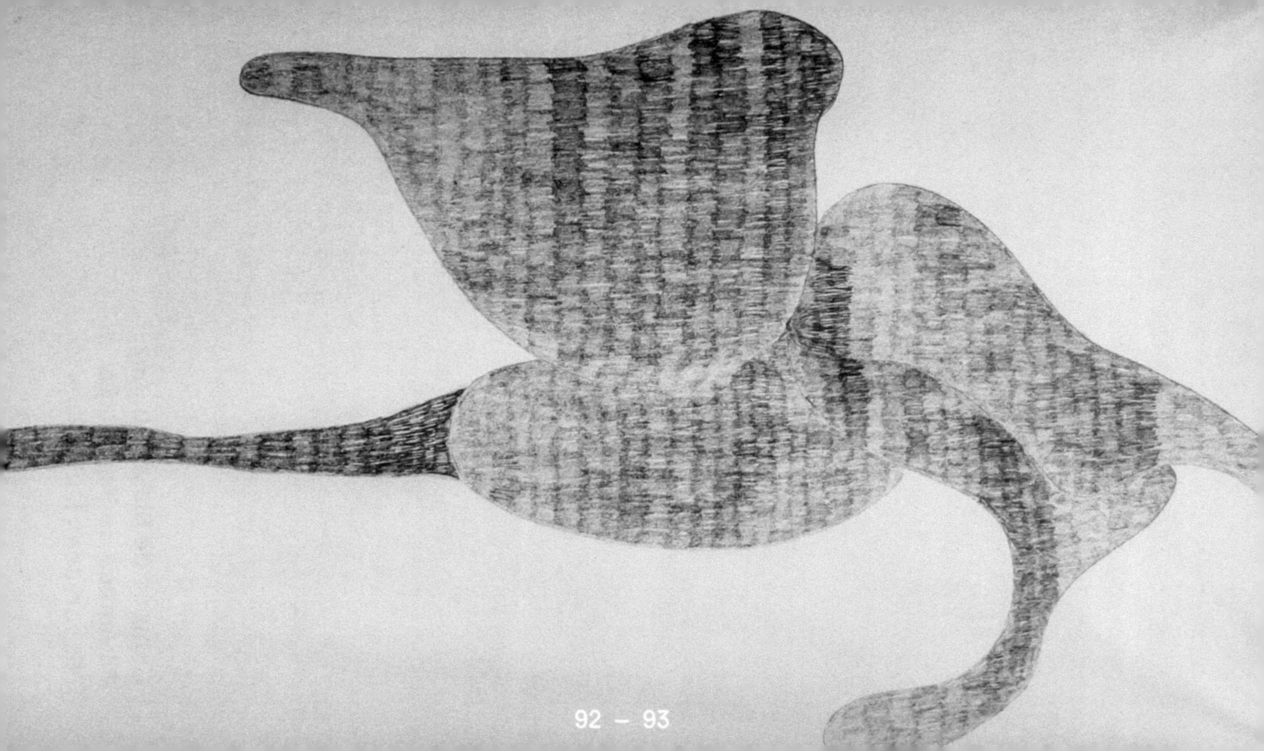

Campus de Blasco Ibáñez.
Biblioteca de Psicologia
i Esport Joan Lluís Vives

Noé Bermejo

<u>NO PUEDO MÁS, 2024</u>

Fotografia de gran format i tèxtil
de tul brodat amb encaix i pedreria

La narració s'estableix en primera persona des d'un enfocament i circumstàncies pròpies de l'artista. La proposta consta de dos elements que dialoguen entre si —una peça tèxtil i unes fotografies de gran format— i s'integren al seu torn en l'espai, formalment i simbòlicament.

La costura és una cosa femenina que pertany a l'àmbit privat, domèstic. És lenta i minuciosa, exigeix quietud i paciència. El més normal és que l'aprenentatge es produïsca en el si de la família pròpia i de manera intergeneracional. En aquest cas, és un home al qual ningú l'ha ensenyat precisament pel seu gènere; la mateixa raó per la qual es van mitigar certs sentiments i desitjos a través de pactes de silenci, fins a perdre la capacitat de reconèixer-los. I és que hi ha coses de les quals no es parlen, i molt menys s'ensenya, si ets un home.

I així es va començar aquest tapís, com un aprenentatge; una recerca plena d'errors, que es fa i desfà mil vegades, igual que va fer Penèlope. Un treball en què el temps que exigeix i el procés són més importants que el resultat mateix.

Un vel transparent es broda amb materials nobles i delicats, pensats per a generar relíquies que s'atresoren i que, lluny d'un ús pràctic, se salvaguarden com a elements d'una mitologia personal i pròpia de rituals, com ara els llençols brodats, els aixovars matrimonials, els vels de núvies, la roba de taula, els vestits baptismals...

Tul, encaix, pedreria de nacre, perles. Pedres semiprecioses nascudes del sediment del temps, i cristalls. Cristall de roca brillant, transparent, refractant, per a parlar d'un procés quasi màgic carregat de simbologia i narració. Un vel cosit amb una *arma* —no oblidem que l'agulla fereix i sutura— per a alçar un crit impossible de pronunciar: «NO PUC MÉS».

El vel al·ludeix a alguna cosa secreta, amagada i íntima, està relacionat amb un coneixement prohibit i la seua revelació. A més de ser altament simbòlic, és sobretot un element que resguarda i protegeix el qui hi ha darrere, però també defensa els qui se situen davant. Ací com a mur impossible, present com una boirina davant la vista.

En la instal·lació, aquest element pertanyent a un terreny íntim apareix com a element disruptiu a la meitat de la biblioteca, sobrevolant les mirades de tots els seus usuaris. Mostrar la vulnerabilitat és poder veure a través d'aquest vel.

Ser vulnerable és tenir la capacitat d'empatitzar, de deixar-nos afectar pel que succeeix; té a veure amb el fet de ser sensibles, sentir les emocions, reconèixer-les i estar en elles. Per contra, se'ns ha educat per a entendre el fet de ser vulnerable com una debilitat.

La instal·lació enfronta dos models intergeneracionals de suportar i mediar l'emocional: generació de cristall / generació X. El context en què es planteja l'obra propicia la possibilitat d'un diàleg intergeneracional. El gruix dels usuaris de la biblioteca s'acosta als 23 anys, la denominada generació de cristall, etiqueta que posa nom al vincle que aquests joves tenen amb les seues emocions i la seua salut mental. Aquesta expressió es refereix a la idea que els membres d'aquesta generació són més sensibles i emocionals que les generacions anteriors. Però la metàfora del cristall, a més de la fragilitat del material, també fa referència a la seua transparència i la capacitat de poder dir i expressar el que realment senten, al mateix temps que preserven la seua salut mental.

La mitjana d'edat dels treballadors en actiu de la societat espanyola és de 43 anys, una generació en la qual em trobe i des de la qual plantege el discurs, l'anomenada generació X, que es caracteritza per un fort sentit d'independència i autonomia, de tal manera que la vida professional legitima la personal.

Es planteja així un qüestionament de rols, ensenyaments i valors en assumir la vulnerabilitat pròpia com la manera de sanar. Es pren consciència de l'aprenentatge, que és entendre la vulnerabilitat com a eina de connexió amb les emocions pròpies, com a element de vincle i espill.

Un diàleg que es fa en un espai dissenyat per al silenci i l'estudi on conflueixen els futurs psicòlegs, la qual cosa propicia divergències, i reflexos, que en definitiva parlen de la necessitat d'una educació emocional. És, així mateix, un diàleg entre els futurs professionals de la qüestió —als quals s'acusa contínuament de febles— i la veu d'un narrador que es presenta en col·lapse emocional, quan hauria de ser dic estable i reflex sòlid de la societat activa.

En segon terme, es planteja un element propi d'allò públic i relatiu al publicitari integrat dins de l'arquitectura de l'espai, que és la senyalística i els gràfics existents en la biblioteca. Tres fotografies, tres retrats sobre els quals hi ha superposades cada una de les paraules que formen la frase del tèxtil brodat: *NO – PUEDO – MÁS*. Les fotos estan separades entre si i insisteixen en una lectura individual i el seu significat autònom, no com a frase.

En les fotografies, el punt focal estarà sobre la paraula-joia i la persona retratada hi apareix desenfocada, *velada*, i, per tant, en un pla secundari. Cada una de les paraules es col·loca sobre els ulls, insistint així en una eliminació identitària en anul·lar la mirada. Retrats frontals —de l'artista mateix: home de tipologia mitjana i 42 anys d'edat— que juguen amb el registre de la fotografia de moda i publicitària. Fotos en un excés de posa, que generen una atmosfera imprecisa, a través de la postura, les mans i la roba que disten molt de ser casuals. Fotos que en certa manera són només posa, constructe i a penes descripció.

Si fragmentem el text que s'ha brodat i aïllem les paraules NO - PUEDO - MÁS, el missatge és competentment distint i ambigu. Encara que semblen ser determinacions positives i encoratjadores no ho són, o almenys són susceptibles de ser qüestionades. Són paraules i conceptes que tenen més a veure amb l'eslògan publicitari, o amb la portada d'un llibre d'autoajuda. Premisses sobre les quals tota una generació ha sustentat la manera d'estar en el món, llançades des d'un imperatiu que ens obliga a un sentiment impostat i irreal.

NO
Hem de ser assertius.
El NO ha de ser fort, contundent i definitiu. NO se'ns permet titubejar, dubtar, confondre'ns i és que hem de tenir una opinió sòlida i a més defensar-la, com si no n'hi haguera ja prou amb processar i entendre què opinar sobre això.
PUC
Ens hem/han obligat a pensar que podem aconseguir el que desitgem, que el més important és aconseguir els nostres objectius.
S'han de fixar metes i arribar on es vol, pensar que podem.

PUC com a paradigma identitari i de vàlua, posant-nos sempre al límit. Posant al límit les nostres capacitats, fins i tot el mateix desig.
MÉS
No es pot demanar a ningú MÉS del que és capaç de donar, ni esperar que els altres siguen com nosaltres volem. No tots tenim les mateixes capacitats, ni els mateixos gustos.
No tenim les mateixes aspiracions, ni veiem la vida amb el mateix prisma. No sentim igual, però el teu sentiment és tan lícit com el de l'altre.
El que sí que tenim en comú tots, és que sempre volem, desitgem, esperem MÉS.

Les imatges generades s'integren en l'hipertext de les instal·lacions universitàries, en la cartelleria senyalística i *displays*, de manera que es dilueixen encara més la seua identitat i la seua raó.

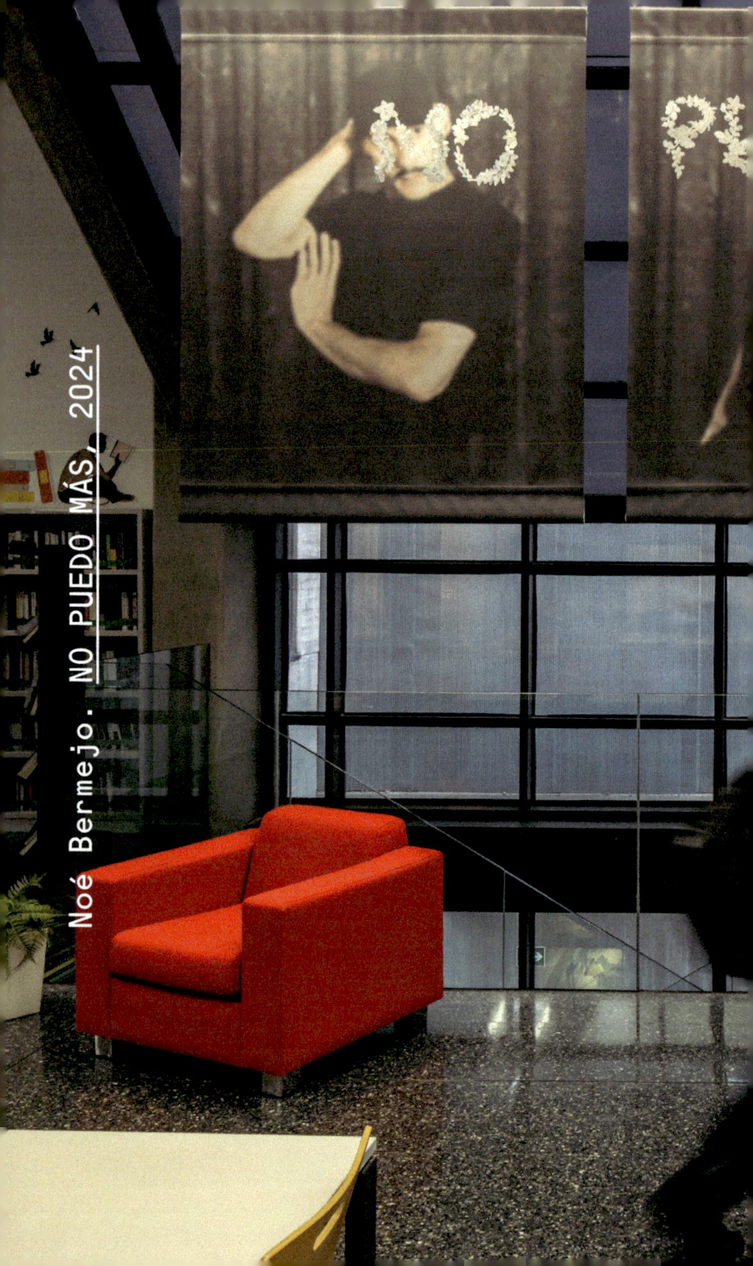

Noé Bermejo. NO PUEDO MÁS, 2024

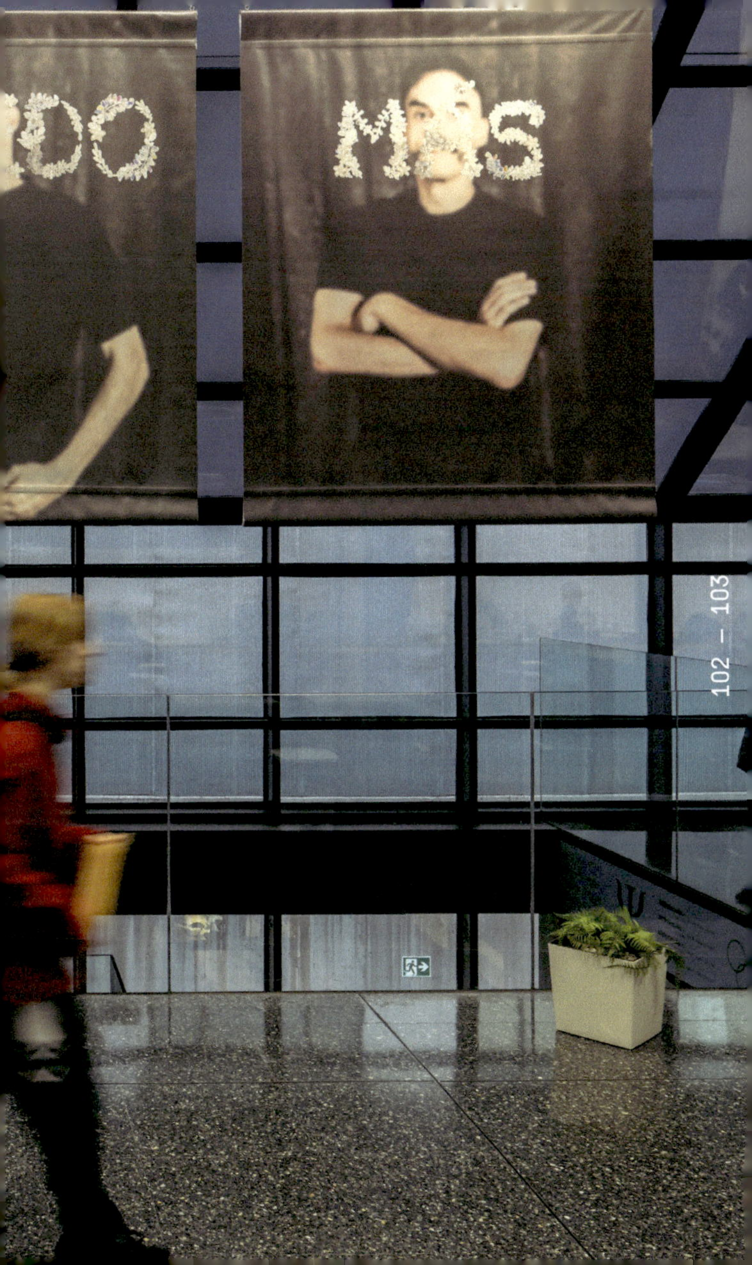
DO

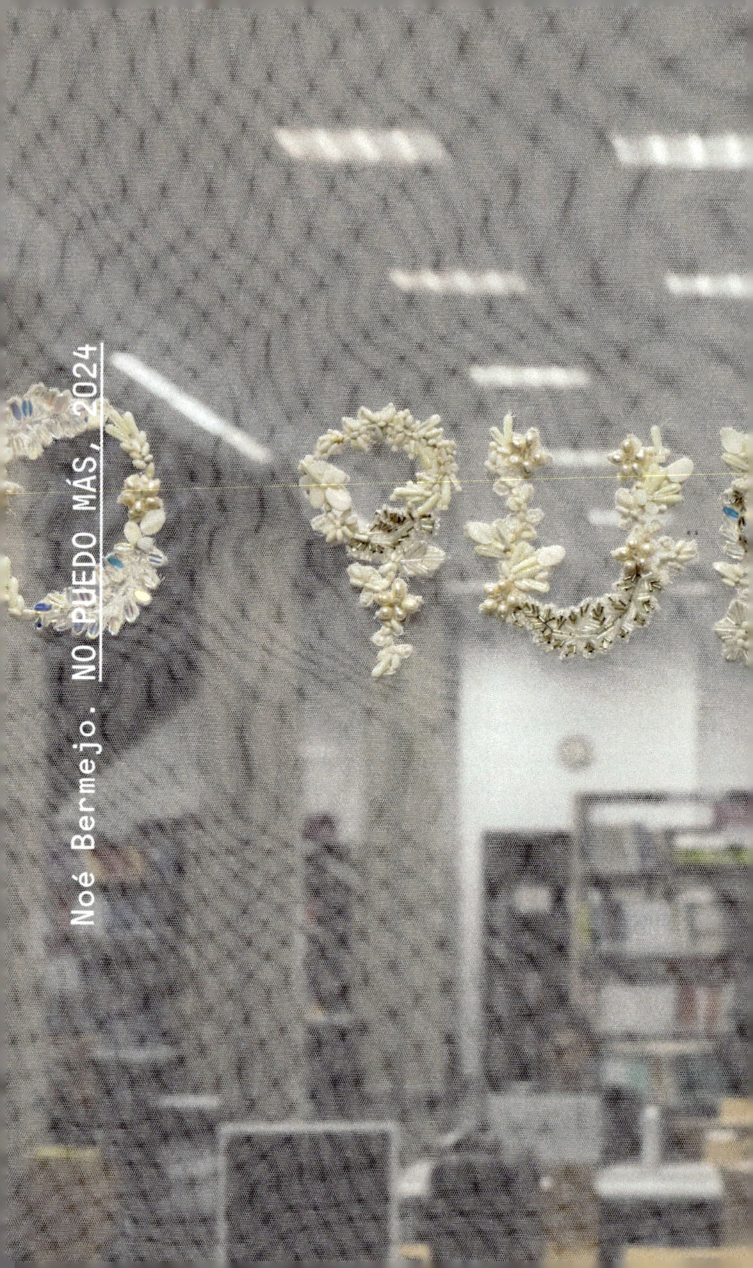

Noé Bermejo. NO PUEDO MÁS, 2024

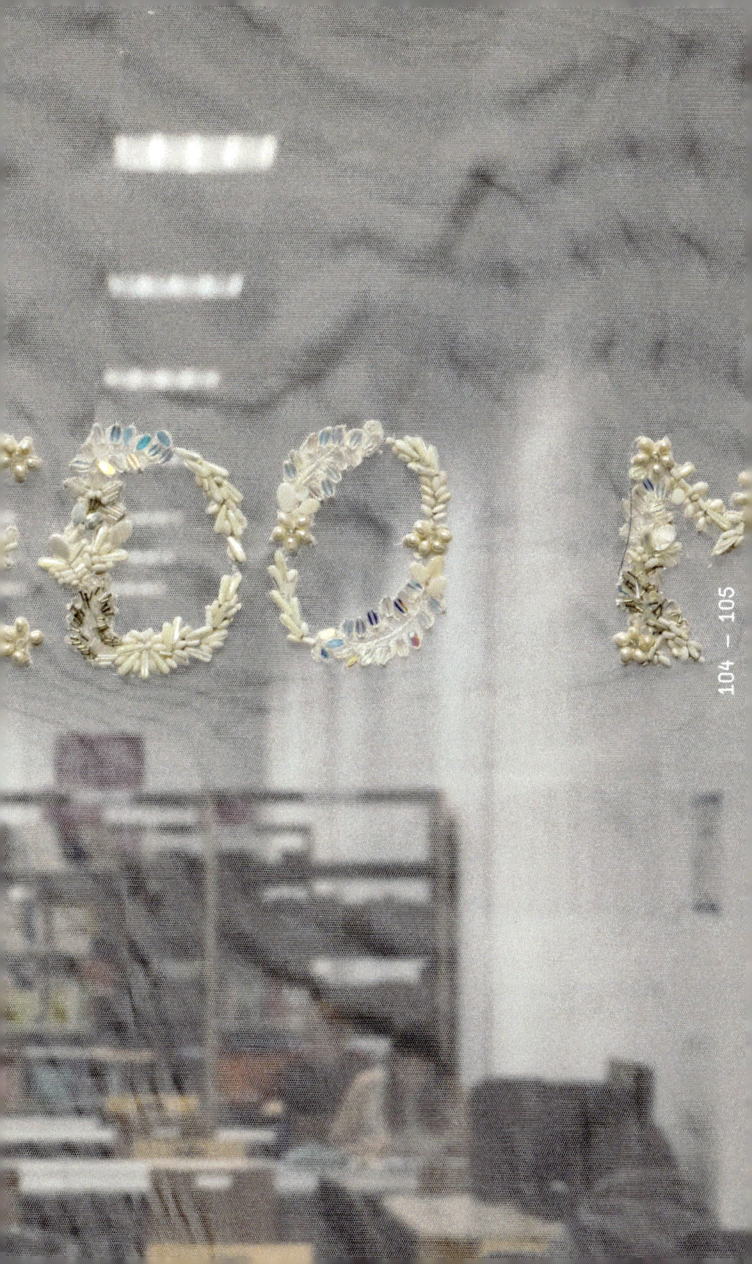

Campus de Blasco Ibáñez.
Jardí de la Facultat de Psicologia
i Logopèdia

Álvaro Porras Soriano

Galopar d’arenes pedestals, 2024

Material d’enderrocament acoblat

Des de fa temps, els estudis culturals han reflexionat sobre la condició política del paisatge com un element clau en la conformació de territoris i les normalitzacions hegemòniques que se'n deriven.

En aquesta línia, aquesta investigació se centra en el paisatge modern definit a partir de l'expansió de la racionalitat instrumental del segle XIX. Especialment, la segona meitat d'aquest segle consolida un model paradigmàtic de visualització: la zenital. Això s'evidencia en la representació pictoricista de l'època, des dels panorames de Detaille i de Neuville, que expandeixen la visualitat més enllà del límit ocular, fins a la desorientació del subjecte omniscient de Turner, que imita l'ull diví.

Juntament amb el desenvolupament de l'enginyeria i l'arquitectura, emergeix l'urbanisme funcionalista que, a través de la cartografia planimètrica, configura la ciutat moderna. Als models europeus se sumen els de la colonialitat industrial, i generen un escenari d'obra i reforma que impulsa grans projectes urbanístics del XIX: el pla Haussmann a París, el pla Cerdà a Barcelona, el passeig de la Reforma a Mèxic i els plans d'eixample, com el de València.

A la ciutat moderna sorgeixen models i esdeveniments que constitueixen figures de pensament. Un dels més rellevants és la substitució patrimonial per expansions higienistes o reformistes. A València, aquest fenomen es manifesta en la destrucció de trams de la muralla durant el regnat d'Isabel II o en el desenvolupament quadricular de Peris i Valero. No obstant això, també afecta els interiors d'espais medievals, com evidencia la destrucció del palau de Mossèn Sorell.

Aquest palauet gòtic flamíger amb elements herrerians del segle XV va pertànyer a una família nobiliària valenciana fins a la desamortització de Mendizábal. En aquell moment, la família Sorell va perdre diverses possessions i va decidir vendre o llogar parts del palau, ja semiabandonat. Al llarg del temps, l'edifici es va usar com a taller de filadores, taller de litografia i, finalment, com a casino de l'Ateneu Obrer.

En 1878, un incendi, aparentment provocat, va destruir el palau. Els seus elements arquitectònics i cassetonats van ser espoliats per un antiquari holandès i repartits en museus internacionals. El solar, després que es va ensorrar, va ser adquirit per promotors immobiliaris i venut al municipi, facilitant així l'ampliació higienista del barri del Carme.

Aquest cas és un dels primers exemples documentats de violència residencial i especulació immobiliària a València, antecedents directes de problemàtiques actuals: fragmentació socioespacial, dissolució de col·lectivitats, privatització de l'espai i pèrdua patrimonial.

La peça presentada en aquest projecte pren com a referència la planimetria del palau, reconstruïda gràcies al treball d'historiadors de l'arquitectura com Fernando Pingarrón i Federico Iborra. Sobre aquestes reconstruccions es planteja un exercici d'abstracció formal i analítica, per a provocar una nova permutació dels valors arquitectònics del palau desaparegut.

Així mateix, la peça incorpora un agenciament material que replica els processos històrics, des de la seua materialitat fins a la definició formal. En aquesta metodologia, l'obra s'ha conformat a través de l'acoblament de fustes obtingudes de biguetes d'enderrocament, recuperades d'altres espais desapareguts.

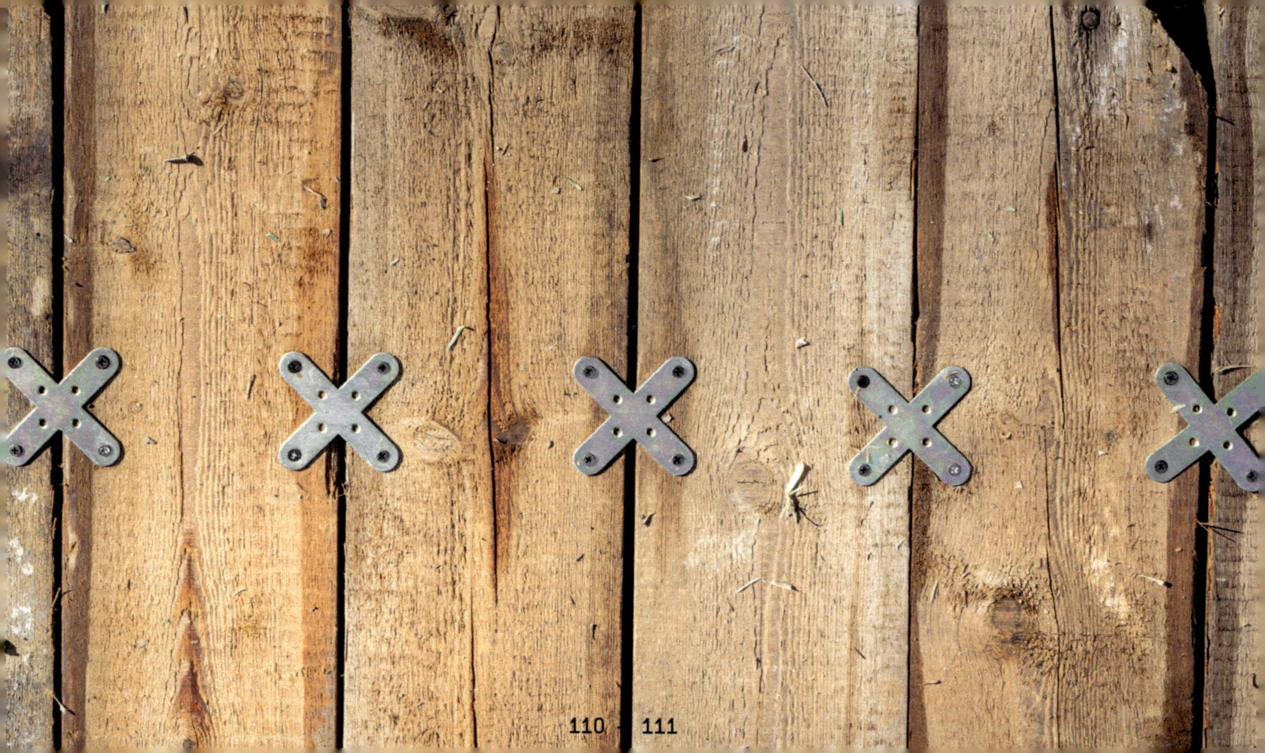

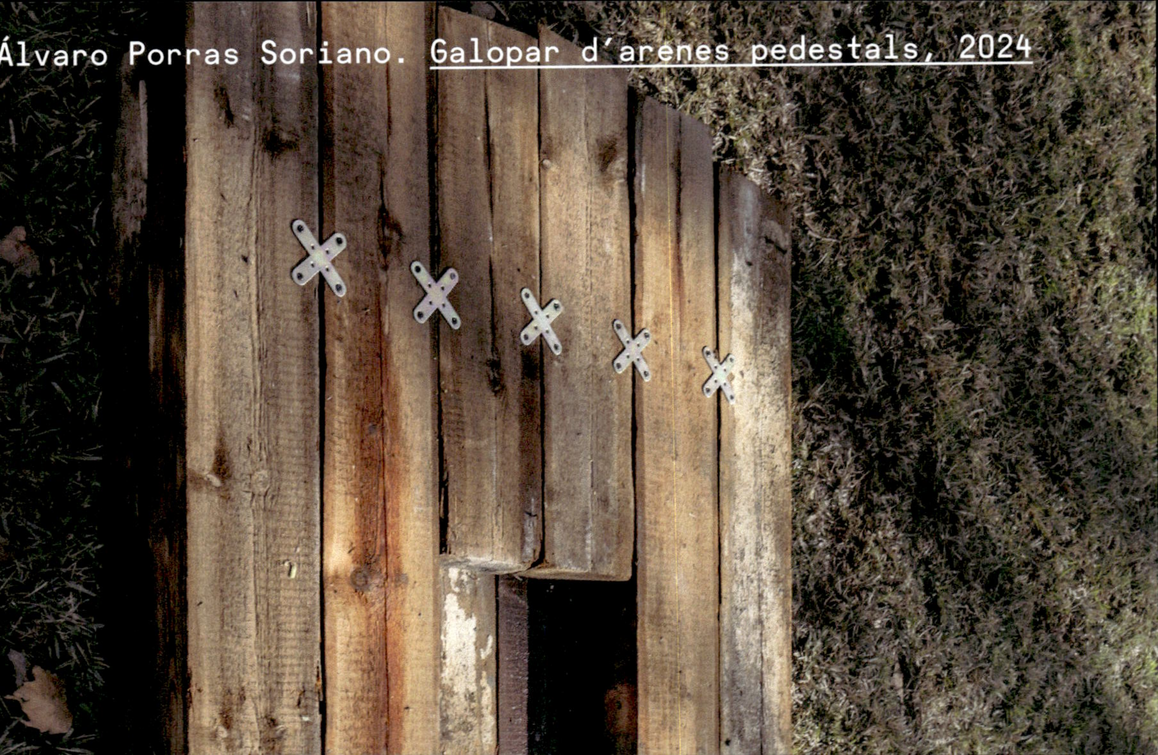

Álvaro Porras Soriano. Galopar d'arenes pedestals, 2024

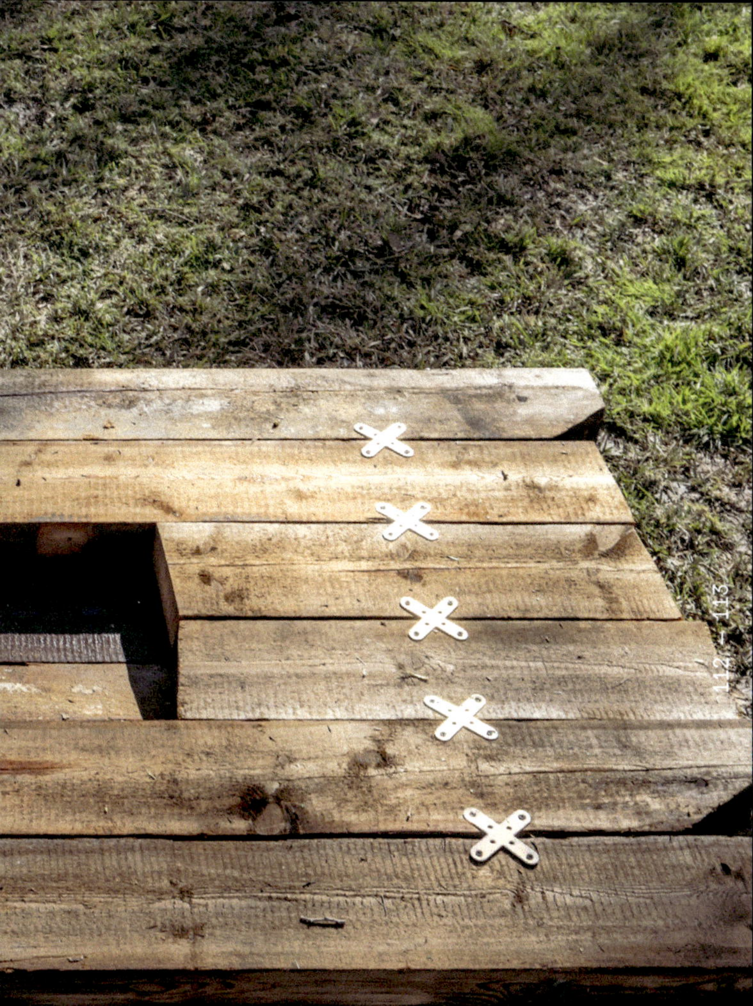

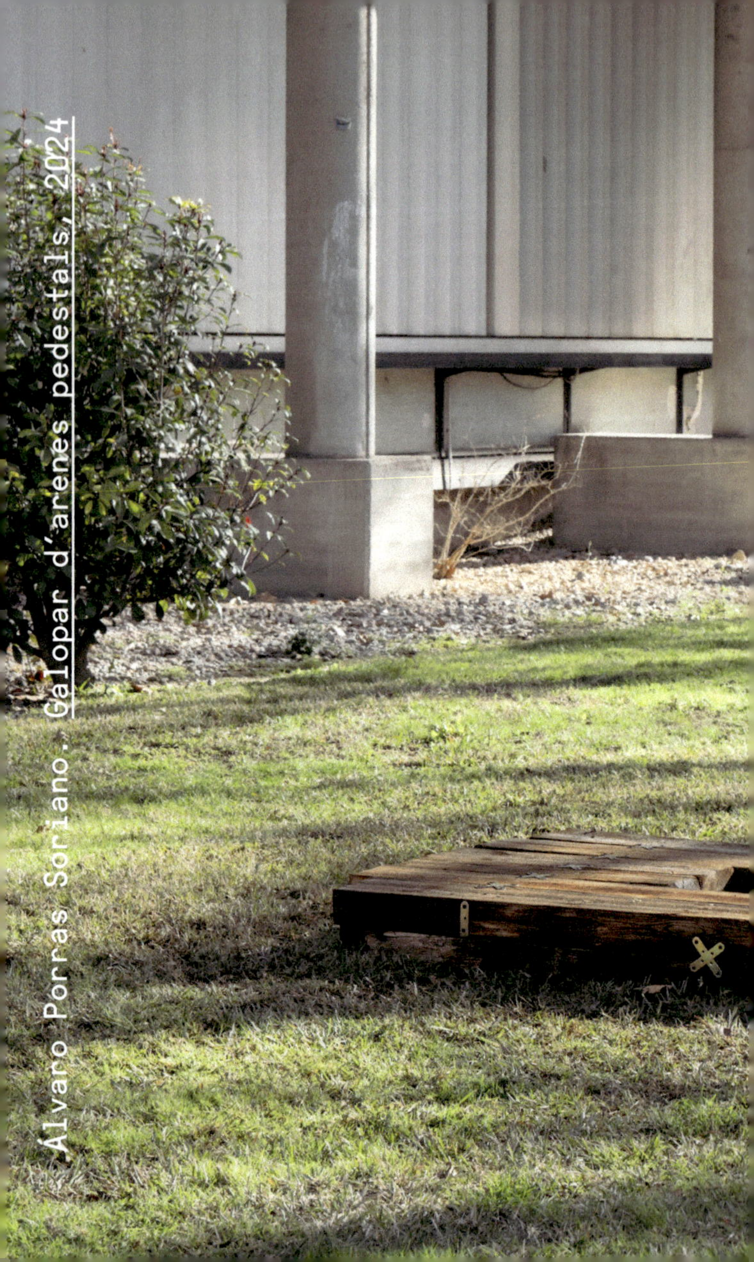

Álvaro Porras Soriano. *Galopar d'arenes pedestals*, 2024

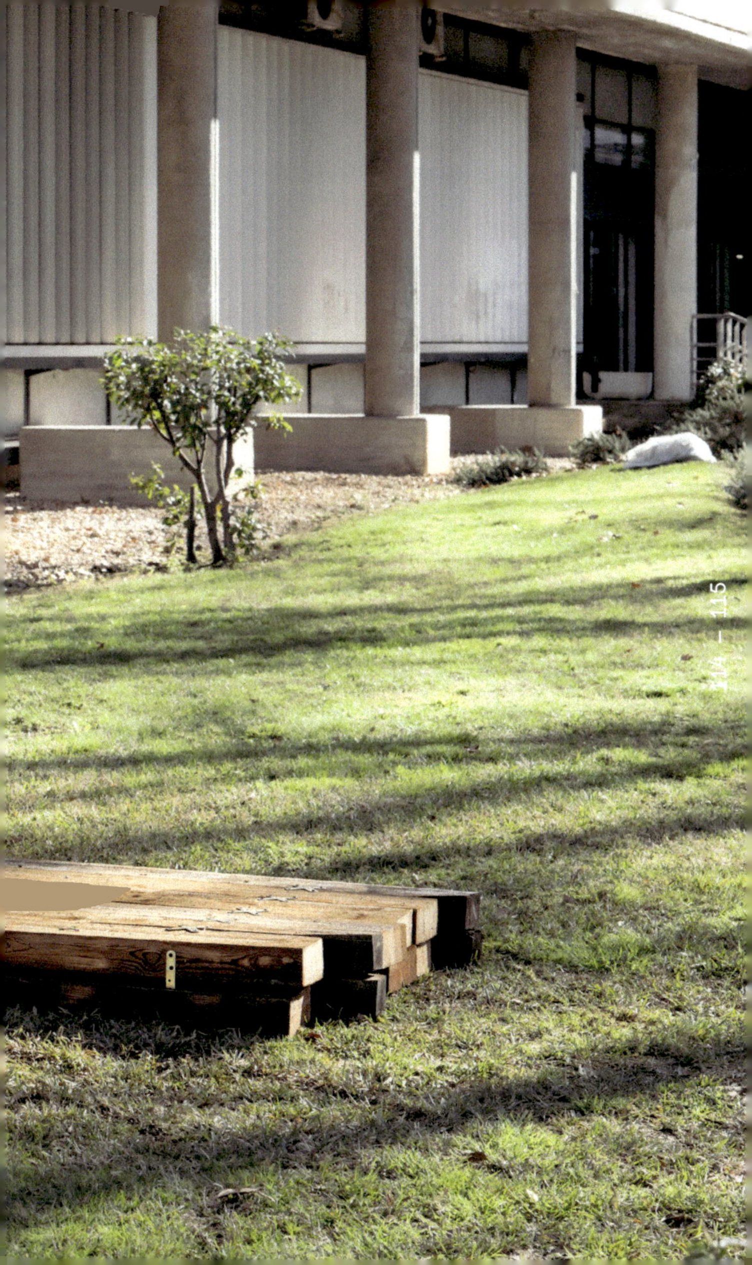

Campus de Blasco Ibáñez.
Vestíbul de la Facultat
de Geografia i Història

Teresa Marín García

Topologia d'una tàctica de fuga, 2024

3 enciclopèdies Espasa-Calpe,
cintes d'amarrament de transport,
varetes de ferro i 525 fulls volants
impresos, 285 cm x 78 cm ø

L'*Enciclopedia universal ilustrada europeo-americana* (1905-2011), coneguda com a *Enciclopedia Espasa-Calpe*, és el símbol del projecte enciclopèdic espanyol del segle XX, hereva del projecte il·lustrat. El saber enciclopèdic, com l'acadèmic, en l'afany de compendiar i difondre tot el coneixement possible de manera universal, esdevé coneixement vertical, instrument de poder i domini cultural hegemònic jerarquitzant i discriminant sabers. L'*Enciclopedia Espasa-Calpe*, el seu enfocament i biaixos, són fruit de la seua època. Com altres enciclopèdies, reflecteix les necessitats i la mentalitat del seu moment històric i dels qui la van impulsar.

Construïsc una segona pell enciclopèdica al voltant d'un pilar del vestíbul de la Facultat de Geografia i Història com a desconstrucció metafòrica de les estratègies de poder del coneixement. Un blindatge paradoxal que possibilita espais crítics de fuga on habiten altres sabers, o es qüestionen els existents, a través de fulls volants que combinen textos i imatges no inclosos en l'enciclopèdia. Relacions entre textos i imatges que mostren la fricció irreconciliable entre dues formes d'accés al saber. Un no reflecteix tota la descripció possible; l'altra no és la mera il·lustració, i obri sentits, mecanismes il·luminadors del saber que mostren el conflicte de l'ambició universalitzadora davant de l'exacerbat sentit interpretatiu i subjectivitat personal, simptomàtiques de l'època actual.

Active una *tàctica de fuga* que convida a participar les persones que habiten aquest espai prenent aquests fulls volants amb missatges disruptius per a propiciar la reflexió sobre la necessitat de contemplar visions crítiques, inclusives i respectuoses amb els sabers plurals i la diversitat; la importància d'allò poc visible o xicotet per a la supervivència dels ecosistemes, o els perills d'una globalització que arrasa el que és local. Tot això són aspectes necessaris per a la construcció de relats històrics i de les humanitats que pretenguen contribuir a generar societats responsables, justes, igualitàries i atentes a la sostenibilitat de la vida.

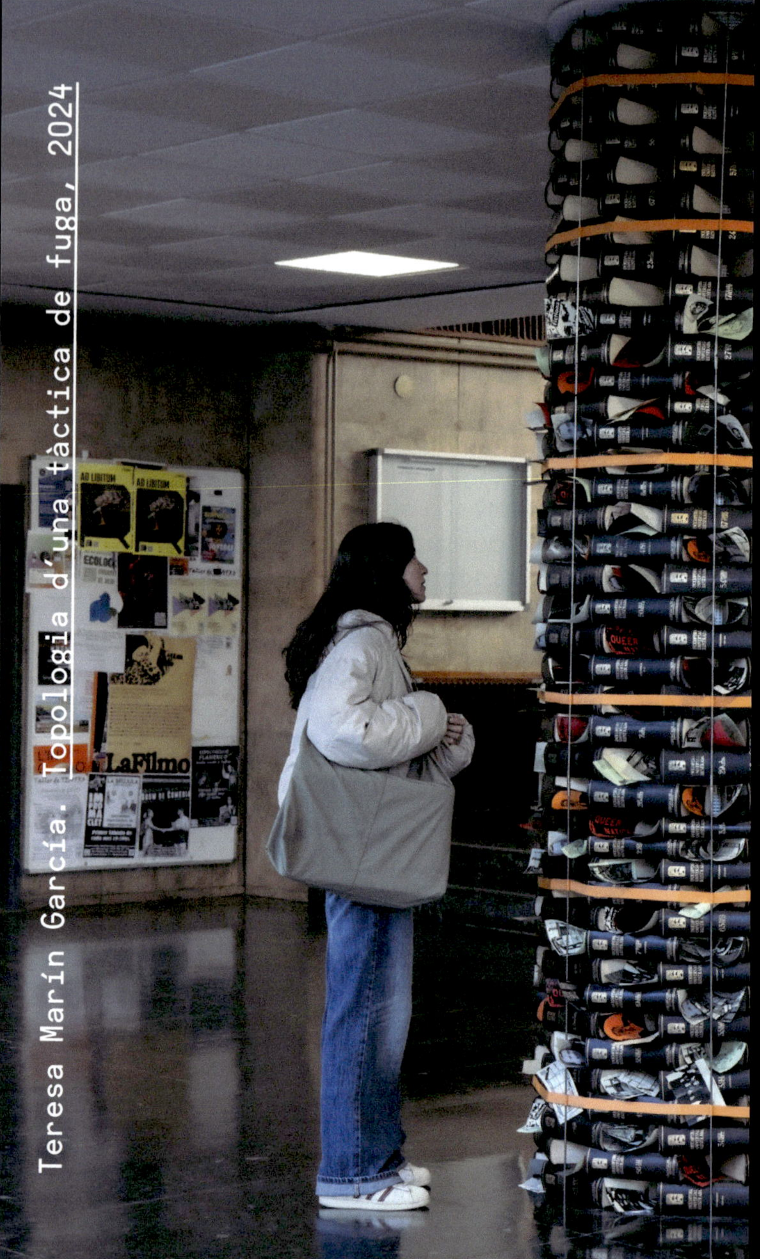

Teresa Marín García. Topologia d'una tàctica de fuga, 2024

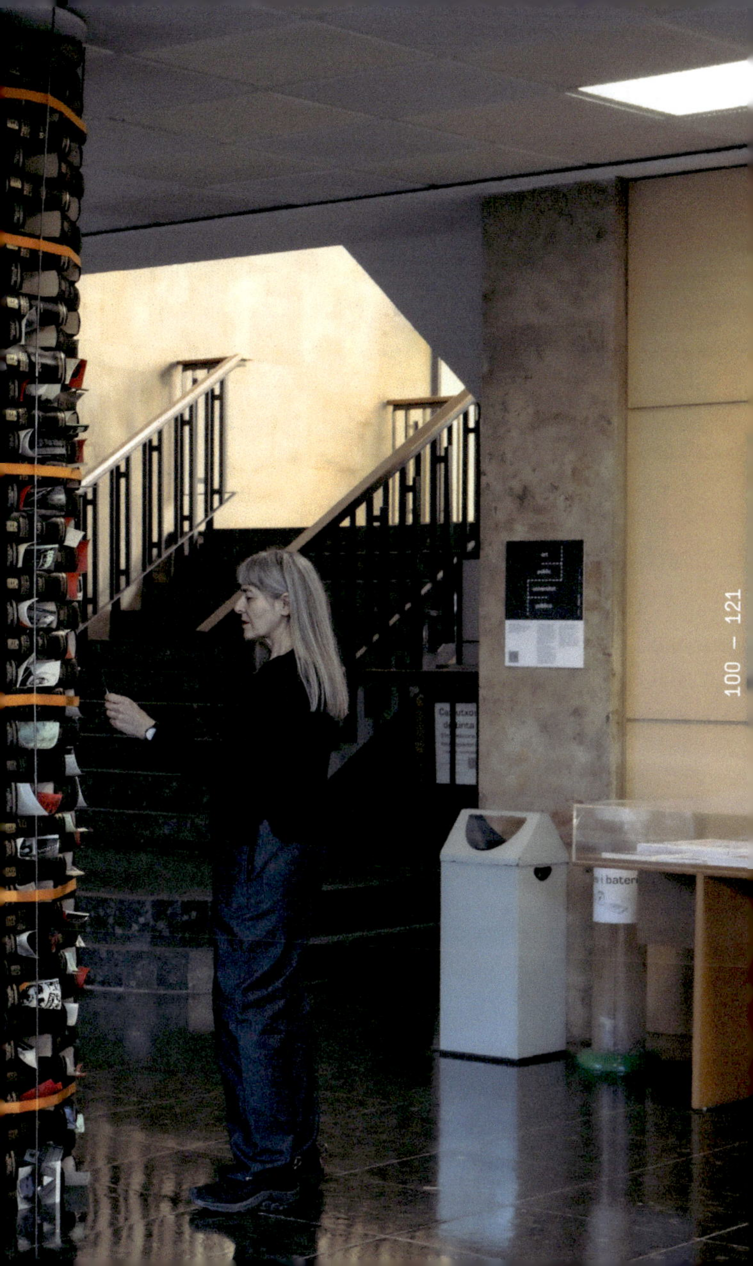

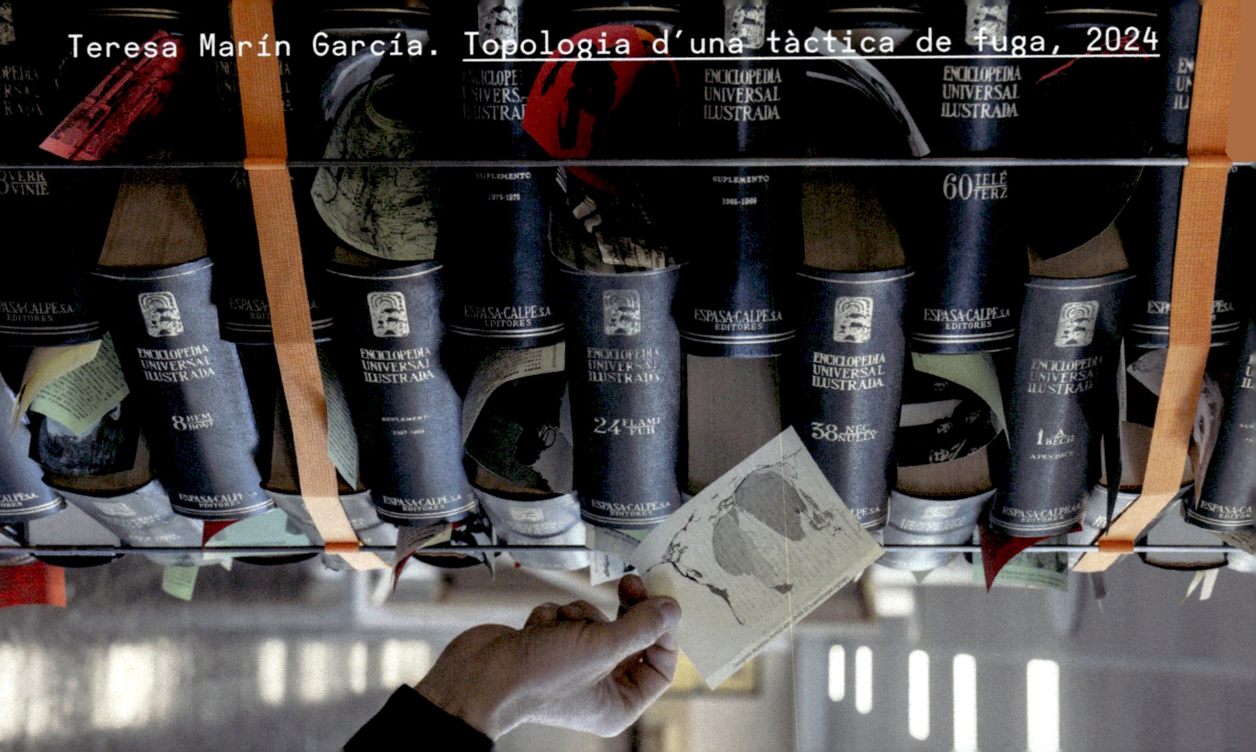

Teresa Marín García. Topologia d'una tàctica de fuga, 2024

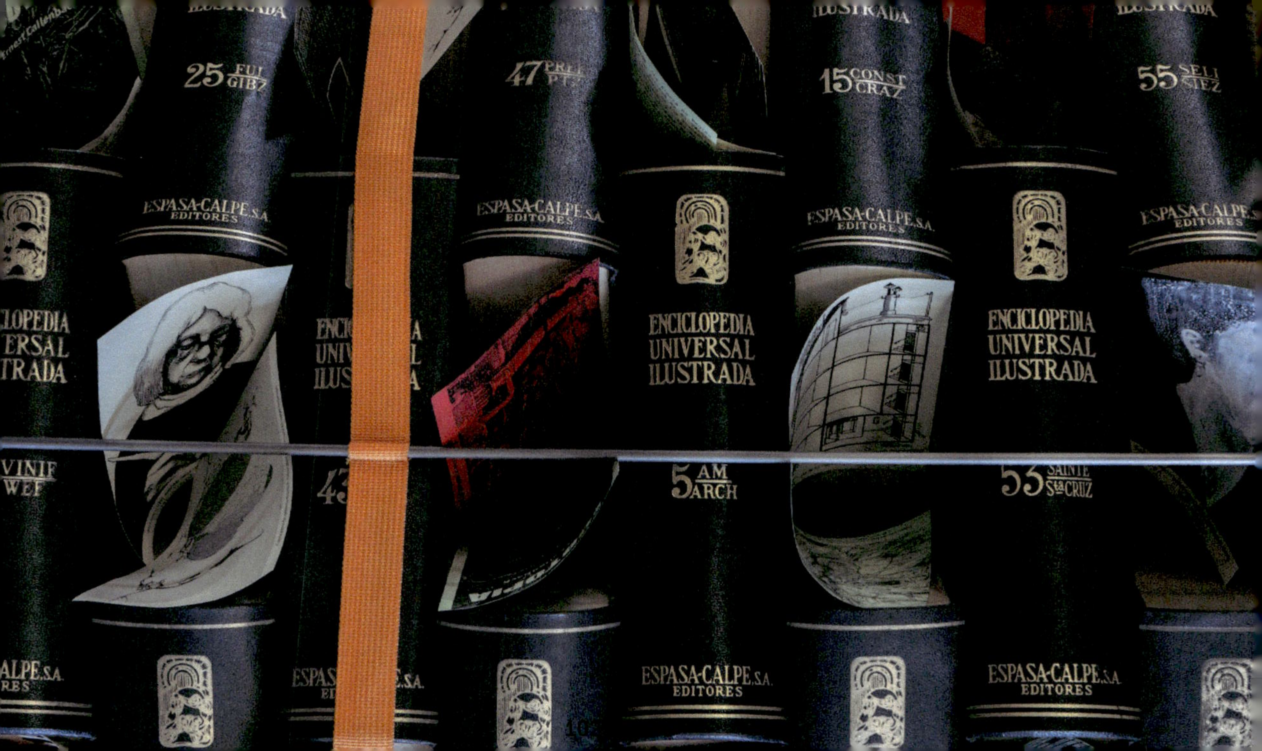
25 FUI GIBZ
47 PREE PTZ
15 CONST CRAZ
55 SELI SIEZ
ESPASA-CALPE S.A. EDITORES
ENCICLOPEDIA UNIVERSAL ILUSTRADA
5 AM ARCH
53 SAINTE Sta CRUZ

Campus de Blasco Ibáñez.
Facultat de Geografia i Història,
vestíbul primer pis

Rafael Tormo

IP33. L'Existència d'un Buit; Absència Definitiva, 2024

Polietilè i aire. Termosegellat

Dimensions variables

Superar exige asumir, no pasar página o echar en el olvido. En el caso de una tragedia requiere, inexcusablemente, la labor del duelo, que es del todo independiente de que haya o no reconciliación y perdón. En España no se ha cumplido con el duelo, que es, entre otras cosas, el reconocimiento público de que algo es trágico y, sobre todo, de que es irreparable. Por el contrario, se festeja, una y otra vez, en la relativa normalidad adquirida, la confusión entre que algo sea ya materia de historia y el que no lo sea aún, y en cierto modo para siempre, de vida y de ausencia de vida. El duelo no es ni siquiera cuestión de recuerdo: no corresponde al momento en que uno recuerda a un muerto, un recuerdo que puede ser doloroso o consolador, sino a aquél en que se patentiza su ausencia definitiva. Es hacer nuestra la existencia de un vacío.

Epígraf escrit per Carlos Piera al llibre *Los girasoles ciegos* d'Eduardo Méndez.

Aquest projecte busca allunyar-se de la familiaritat amb què la gent s'apropa al món de l'art, abraçant una obra que no ofereix pistes excessives ni subterfugis intel·lectuals, sinó que es basa simplement en el pes de l'aire que sosté, que balança, que fa vibrar; allò que en ve donat: l'herència, la memòria. La levitació de l'absència esdevé el centre d'aquesta proposta, posant en suspens allò que resta invisible, el buit que encara pesa. Aquesta absència definitiva es manifesta en la forma d'un volum evanescent que evidencia el rastre d'una existència esborrada, un buit ple de memòria i dolor.

El projecte és inèdit, ja que estic amb el procés de patronejar totes les foses obertes fins el moment i es tracta d'elaborar, amb plàstics d'hivernacle, els volums dels buidats que resten a una de les centenars de fosses del cementeri de Paterna (València). Aquest cementeri, on es calcula que van ser afusellades (assassinades) i enterrades al voltant de 2500 persones, ofereix fosses des de 5 fins a 7 metres de profunditat, on més de 150 cossos es troben apilats i separats per calç viva. Per aquest projecte, dispose de les dades tècniques dels arqueòlegs que han exhumat aquestes fosses i han compartit amb mi les dimensions, la profunditat i altres detalls.

Utilitzar aquest dispositiu aerostàtic a l'espai públic des de la lentitud dels materials emprats i enlairar aquest buit; volum exhaurit i ara constituït com a símbol híbrid de violència que pretén ocupar totalment l'espai i caure d'una manera antinatural com a estratègia per sobreviure a l'herència d'un buidat, d'un forat, d'una fossa, posant de manifest la necessitat d'abraçar la complexitat d'allò absent. La levitació es presenta com una manera de desafiar la pesantor del passat, de fer tangible l'absència i, alhora, d'exhibir la fragilitat d'un buit que no pot omplir-se. Perquè sense temps és impossible assumir que ens està afectant.

El record i l'oblit mantenen una relació recíproca en aquest projecte. No tot es pot recordar, per això cal «velar-ho». Tant en l'àmbit individual com en el col·lectiu, és necessari un temps i un espai que diferencien els moments per narrar allò viscut.

La producció d'aquestes peces no és només una expressió artística, sinó una resposta necessària davant el terrible i dolorós fet, tot i que també vol allunyar-se de la posició de víctima passiva i assenyalar la pèrdua de significat com a vocació inherent de tot monument. Això permet reflexionar sobre el significat i la pertinència d'aquest tipus de memorials i proposar altres maneres de recordar col·lectivament en l'espai públic.

Allunyar-se de la revictimització dels processos que envolten el record i la memòria d'aquell temps, els seus relats i les seues històries, és un dels objectius d'aquest projecte. Aquests espais encara són objecte de disputa, i es busca explorar el llenguatge simbòlic que la cultura utilitza per construir col·lectivament la memòria i la desmemòria.

Després de més de vuitanta anys, aquests llocs encara mantenen una presència poderosa, recordant-nos la fràgil relació entre el fet i la seua història, i la construcció mediàtica de la memòria i l'oblit. Aquesta proposta pretén mostrar un registre de la prospecció com a testimoni del passat oblidat, i alhora provocar una reflexió sobre el significat de retornar aquests testimonis fràgils, però monumentals, a l'espai públic, a la vida en comú.

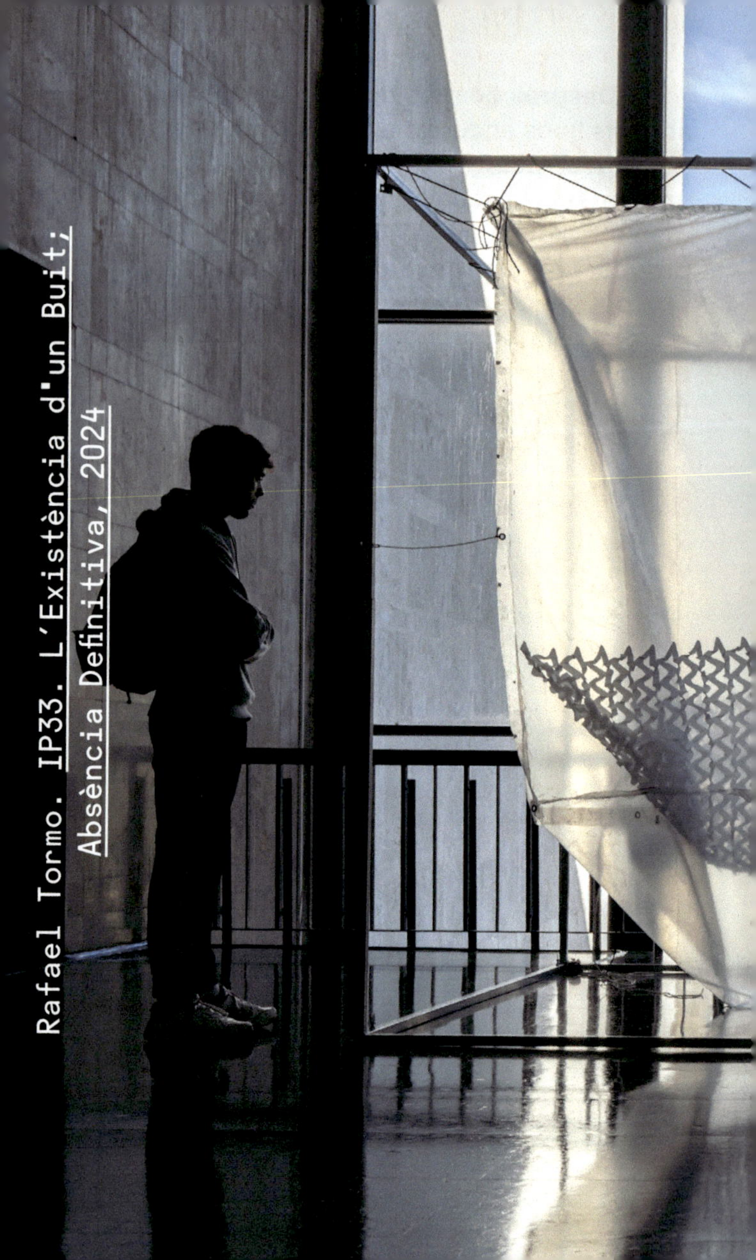

Rafael Tormo. IP33. L'Existència d'un Buit; Absència Definitiva, 2024

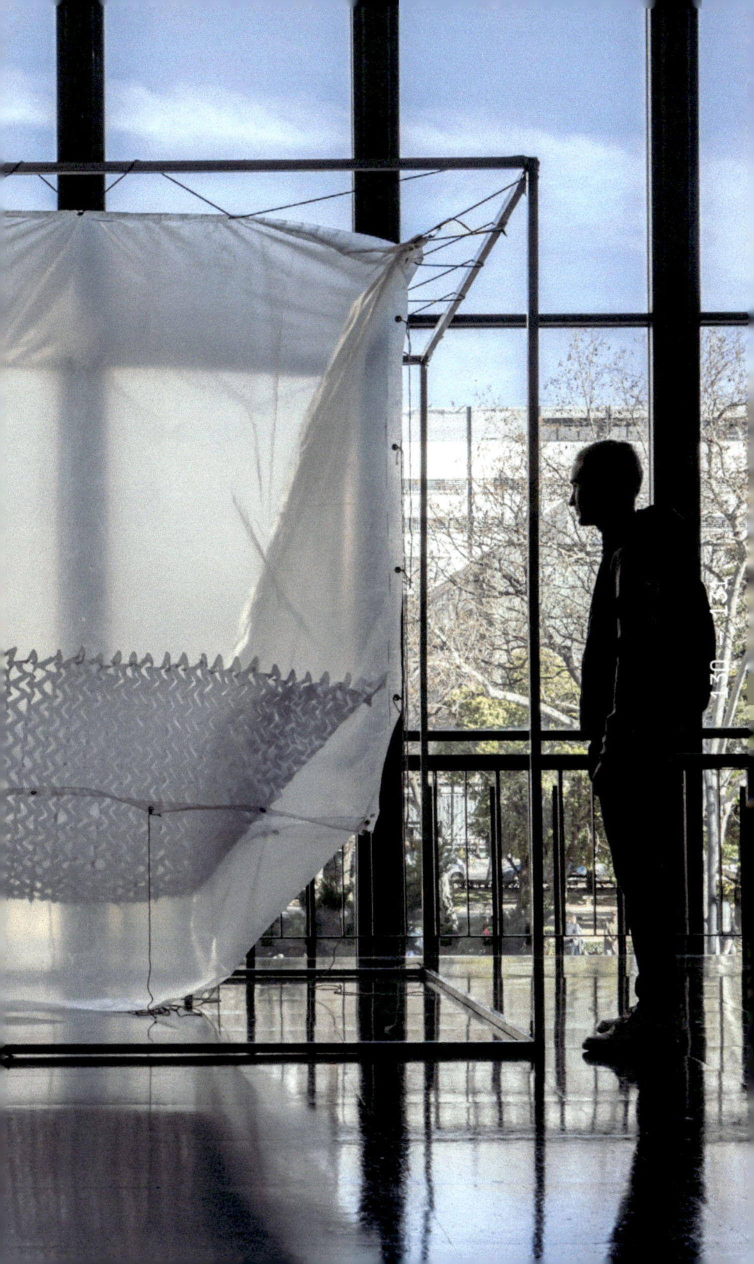

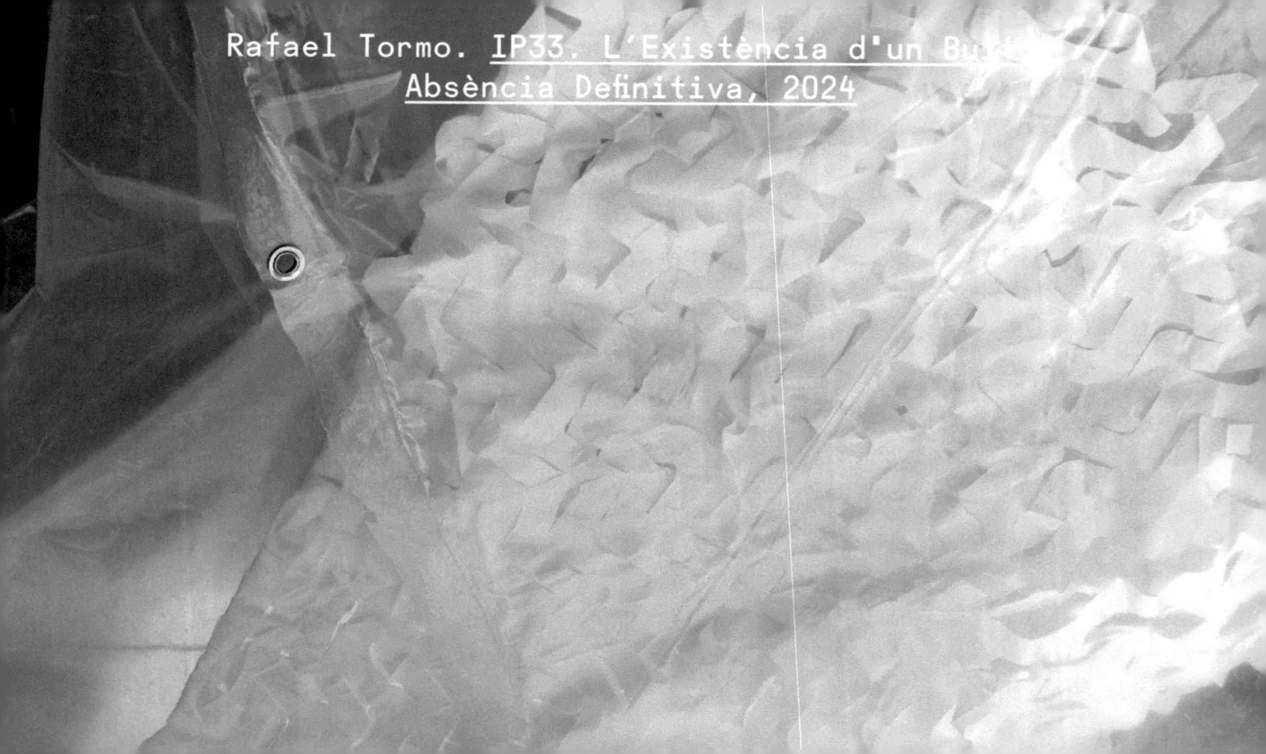

Rafael Tormo. IP33. L'Existència d'un Bu

Absència Definitiva, 2024

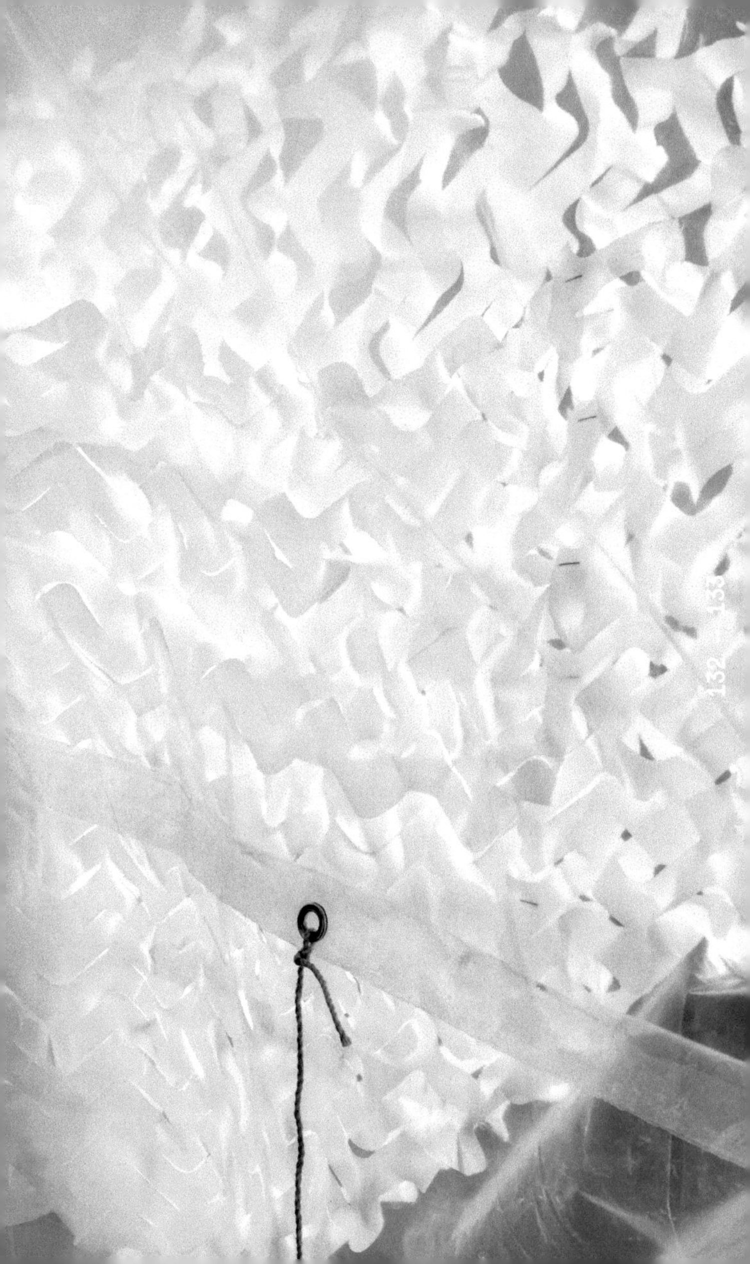

Campus de Blasco Ibáñez.
Vestíbul de la Facultat de Filosofia
i Ciències de l'Educació

María García Sánchez

Retrat institucional, 2024

8 panells de 200 x 100 cm que
inclouen 200 reproduccions
xerogràfiques en format A4
Dimensions variables

> L'arxiu és selectiu, no comprensiu. Està preseleccionat de manera que reflecteix el que cada cultura considera que és valuós emmagatzemar i recordar, inclinant el registre històric —i en realitat l'escriptura de la història— cap als privilegiats, els poderosos, la política, la milícia i la religió. Segons l'arxiu, grans àrees de la vida social i un enorme nombre de persones pràcticament no existeixen. L'arxiu està sobredeterminat per fets de classe, raça, gènere, sexualitat i per damunt de tot pel poder.
>
> Griselda Pollock

És precisament aquest poder de què parla Pollock l'eix sobre el qual es jerarquitza l'obra *Retrat institucional*, una peça que naix amb caràcter instal·latiu per a quedar finalment recollida en format lliure. El meu treball parteix d'aquesta anàlisi dels retrats albergats en l'Arxiu de la Universitat de València, que ens interpel·la i ens condueix a reflexionar sobre la seua representativitat, origen i funció. Si l'arxiu és, per definició un «assumpte de discriminació i selecció» (Achille Mbembé), la nostra producció fa evident aquesta discriminació presentant-lo a través d'una selecció de fragments, un cúmul de discontinuïtats que ens permeten aprofundir en la narrativa del poder i en l'escenografia que permet la seua codificació. Mentre que els arxius institucionals naixen del control, d'una «buscada objectivitat científica que servisca de base per a l'expansió política imperialista del segle XIX i els seus imaginaris ideològics respectius» (Sergio Martín), l'art d'arxiu qüestiona i debat sobre els usos d'aquests.

Així, la instal·lació presentada revela una marcada absència femenina com a figura d'autoritat al llarg de la història de la Universitat de València, al mateix temps que fa patent el lloc de la religió, que s'alça com a pedra angular. Cristos, crucifixos, hàbits, medalles i retrats masculins de tres quarts protagonitzen aquesta anàlisi i evidencien que és precisament des d'aquesta revelació de les discontinuïtats, des de l'existència de registres «microscòpics» (l'individual de cada subjecte) des d'on es pot testimoniar la presència d'uns registres «macroscòpics» (Anna Maria Guasch), de trets col·lectius que conformen aquest retrat institucional. Un retrat del poder en la institució universitària que conclou amb un estudi del color dels més de dos-cents retrats i orles estudiats. Aquesta anàlisi és la prova fefaent que la intel·ligència artificial ha vingut a obrir noves ferides en la creació artística. La possibilitat de generació d'imatges a través de la IA situa de nou en escac les bases de l'arxiu.

Artistes com Fontcuberta se serveixen d'aquest clivell per a produir obres com *Florilegium* (2024), on s'escenifica una proposta en la qual imatges i fotografies reals de plantes s'exposen al costat d'altres generades amb IA, en què és quasi impossible, en termes plàstics, distingir les plantes reals de les creades digitalment. En aquest sentit, en el nostre treball trobem un altre exemple de l'ús de la tecnologia en la creació artística: mentre que la selecció de discontinuïtats es va fer de manera manual, els temes de color de cada un dels retrats es van fer sobre la base d'un programa informàtic que va decidir, en paràmetres de programari, quins eren els colors predominants en cada fotografia o pintura. Conseqüentment, aquesta obra no sols és una mostra de com es retrata el poder en la institució sinó que, tant la mateixa apropiació dels retrats de l'Arxiu Històric Universitari com l'ús de la intel·ligència artificial en el procés creatiu, afavoreixen una revisitació d'aquest arxiu en termes contemporanis. Això permet establir nous diàlegs sobre la base d'interrogants com ara els següents: quina comesa tenim com a creadors?, on queda el quefer del fotògraf?, com han transmutat els vincles entre l'art i l'arxiu?

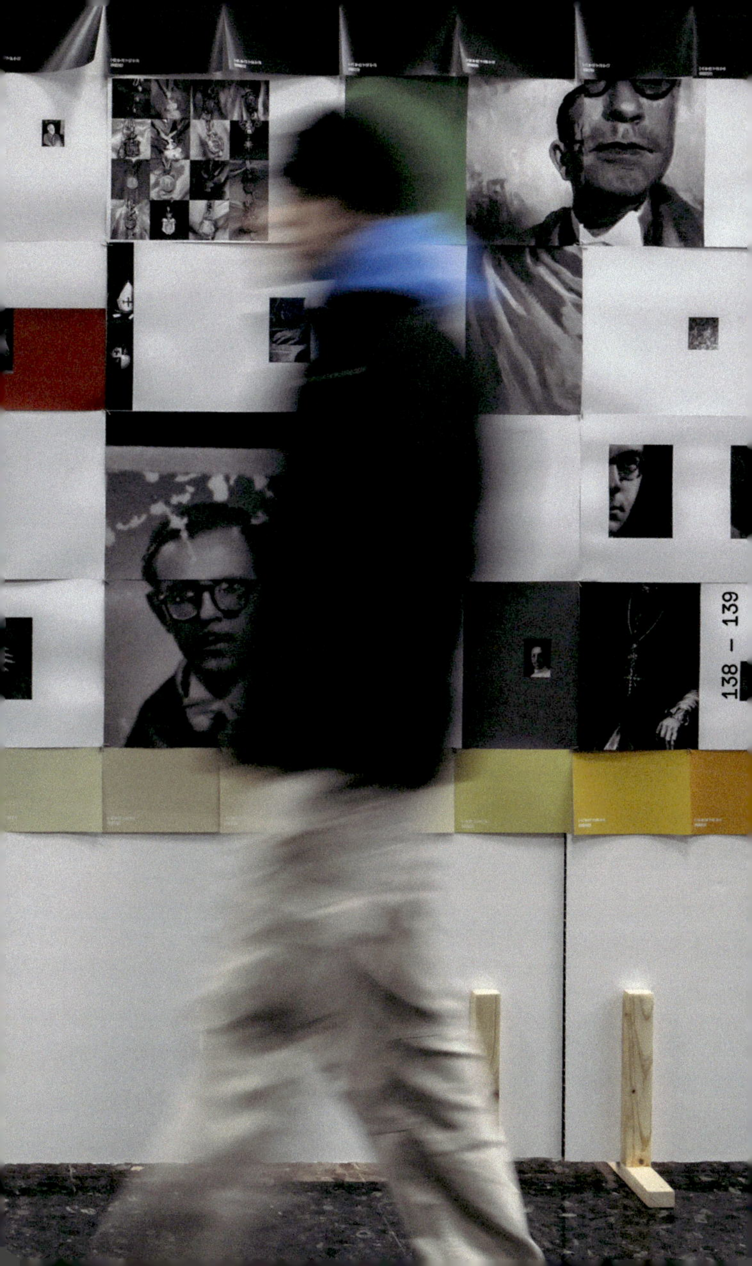
138 – 139

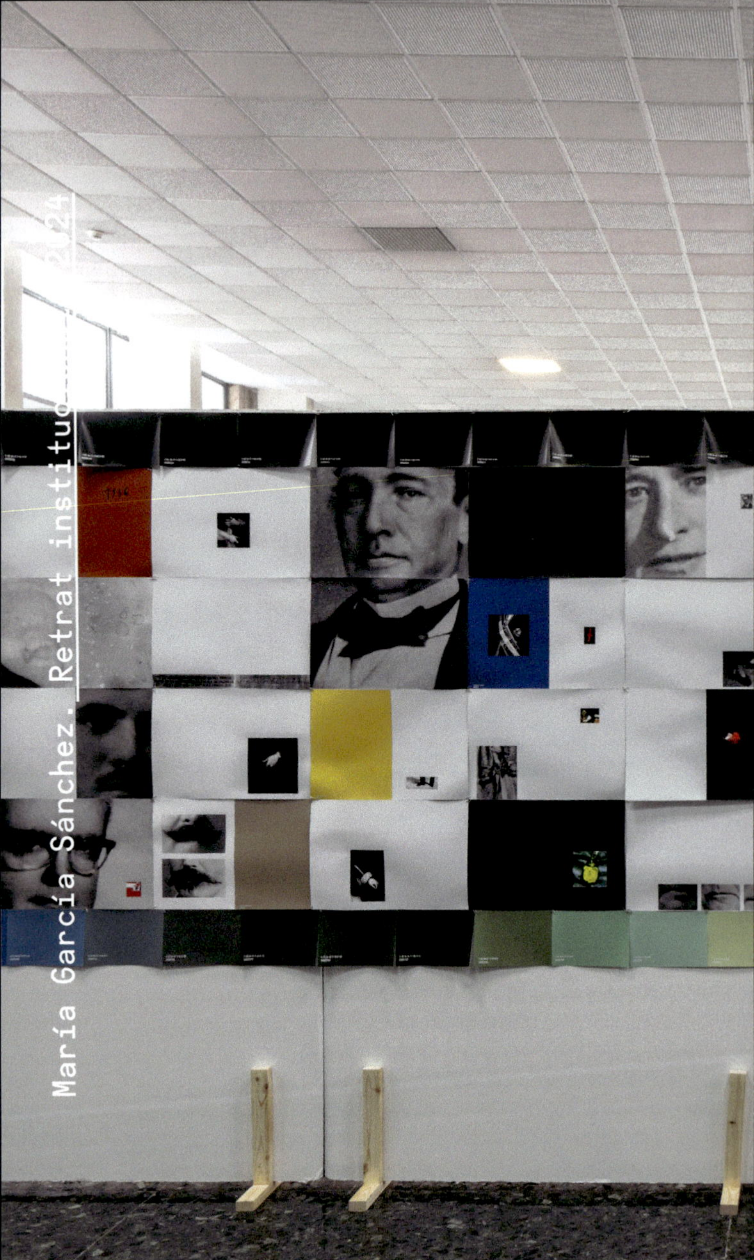
María García Sánchez. Retrat instituc
2024

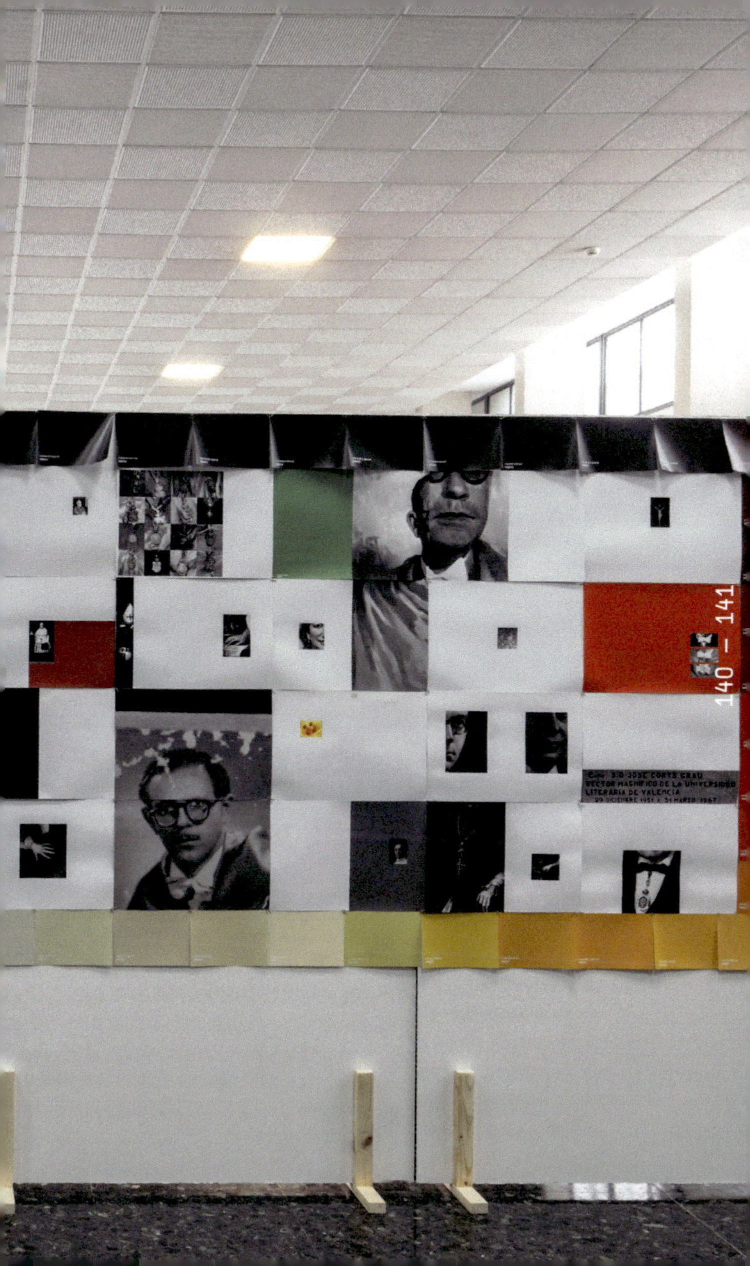
RECTOR MAGNIFICO DE LA UNIVERSIDAD
LITERARIA DE VALENCIA

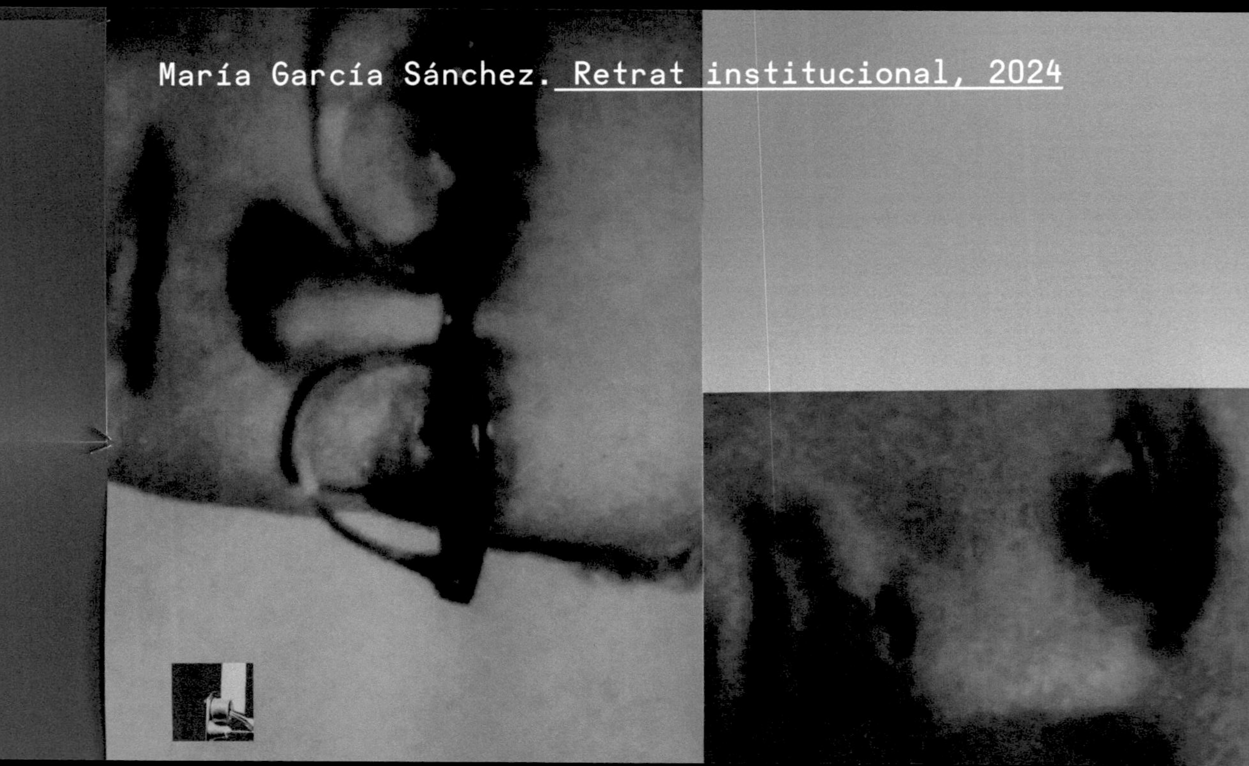

María García Sánchez. Retrat institucional, 2024

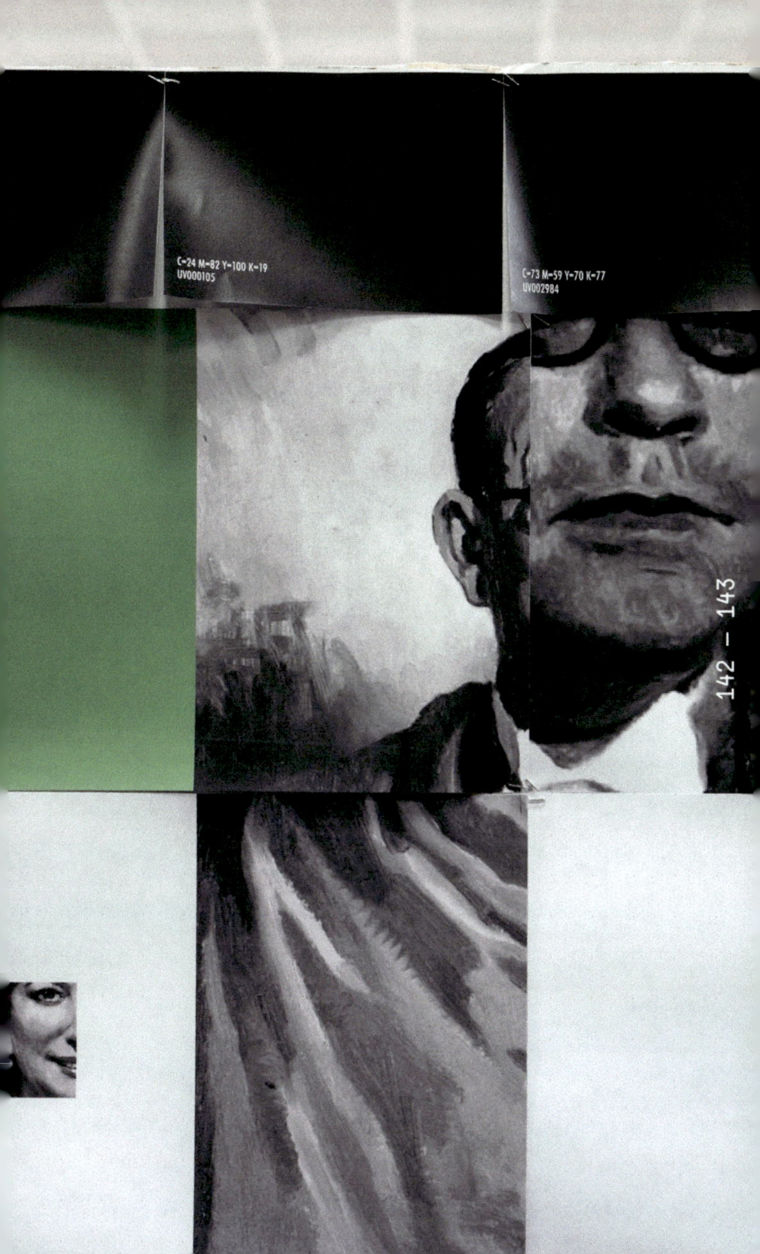
C=24 M=82 Y=100 K=19
UV000105
C=73 M=59 Y=70 K=77
UV002984
142 - 143

Traduccions

El Arte Colaborativo como ética de cuidado y transformación social

Oskia Ugarte

El arte, entendido como expresión humana profunda, ha sido históricamente reducido a la figura del genio creador, ese ser excepcional que, aislado en su individualidad, produce en solitario una obra de trascendencia. Sin embargo, esta visión individualista del arte olvida las múltiples capas de lo colectivo que lo atraviesan, que no solo le dan forma, sino que lo transforman. Es en lo colectivo donde se encuentran las verdaderas posibilidades de resistencia, de cuestionamiento de las jerarquías que el arte ha perpetuado durante siglos. Aquí, lo colaborativo no es una mera metodología; es un modo de entender el mundo que se opone a las estructuras de poder y a la lógica del mercado, que siempre han tratado de reducir la creación a la propiedad individual y a la posesión exclusiva.

Desde las primeras manifestaciones artísticas, lo colectivo ha sido una constante. En las culturas precolombinas, como las civilizaciones mesoamericanas, el arte era una práctica profundamente imbricada con la comunidad, no era solo un medio de expresión estética, sino un rito que articulaba la vida colectiva y la cosmovisión compartida. Las imágenes en los templos, los murales, las esculturas y las ceremonias formaban parte de una creación común que no se entendía como una obra de un solo autor, sino como el resultado de una participación plural, diversificada y situada. Este tipo de arte estaba inscrito en el tiempo y en el espacio de la comunidad, un arte que se pensaba y se vivía desde lo común.

En el Renacimiento, a pesar de la exaltación del genio individual, los talleres de artistas funcionaban como espacios de creación compartida, como lugares donde las ideas, los saberes y los oficios se intercambiaban, formando una red de relaciones. No obstante, en estos talleres, las relaciones de poder no se desmantelaban, sino que se cristalizaban en el sistema de maestros y aprendices. Sin embargo, incluso dentro de esta estructura, el arte seguía siendo, de alguna manera, un proceso colectivo. La transmisión de saberes y visiones del mundo, aunque mediada por jerarquías, se desarrollaba a través del intercambio constante, y es en este proceso en el que podemos rastrear las primeras experiencias de creación compartida.

Fue en los siglos XIX y XX cuando lo colectivo se cargó de un significado político y revolucionario. Movimientos como el dadaísmo, al construir en colectivo *performances* y poesías visuales, desafiaron no solo las formas tradicionales del arte, sino las formas mismas de concebir lo individual y lo colectivo. El arte dejó de ser un objeto de contemplación para convertirse en una práctica comunitaria. Los *cadavres exquis*, creados por los surrealistas, fueron una técnica que permitió que varios artistas se integraran en una misma obra sin conocer las aportaciones anteriores, lo que generó un caos creativo que, lejos de restar, multiplicó el sentido de lo colectivo.

Al final del siglo XX, movimientos como Fluxus reivindicaron lo colectivo como un acto de resistencia política y cultural. Lo colaborativo se convirtió en un acto de lucha contra las estructuras de poder que gobernaban no solo el arte, sino también la vida misma. La creación colectiva no era solo una manera de hacer arte, sino una forma de construir nuevas formas de relación, nuevas maneras de habitar el mundo, más horizontales, más democráticas. En este sentido, lo colaborativo se abrió a la posibilidad de imaginar y crear algo que no era solo una obra de arte, sino un espacio nuevo, un espacio común, en el que el arte se pensaba como un acto de compartir, de crear juntos, de pensar y sentir el mundo como un nosotros.

El feminismo ha sido clave en la resignificación de lo colaborativo dentro del arte, no solo como una estrategia, sino como un acto radical de subversión frente a las estructuras de poder que tradicionalmente han determinado quién tiene derecho a crear y quién es reconocido en el proceso. La autoría, ese concepto cargado de historia, se ha visto profundamente cuestionada desde la crítica feminista, especialmente en un campo como el arte, que ha sido históricamente dominado por una visión masculina del creador, cuya obra no solo se considera un producto de su genialidad, sino una manifestación exclusiva de su poder. Esta concepción, que ha silenciado y deslegitimado las voces de mujeres y otras identidades, está siendo desafiada por el arte colaborativo, que emerge como una respuesta crítica a esa concentración de poder en unos pocos, proponiendo una forma de redistribuir tanto el poder como el reconocimiento.

Pero lo colaborativo no es solo una metodología; es una ética que privilegia la inclusión, la reciprocidad y el cuidado. Pensadoras feministas como Mariluz Esteban y Donna Haraway han subrayado que las prácticas colaborativas abren la posibilidad de repensar los vínculos humanos, de reconocer al otro no como un competidor o un subordinado, sino como un sujeto fundamental del proceso creativo. Esteban, en particular, llama a concebir el arte no como un acto aislado del genio solitario, sino como un proceso interdependiente que se construye en relación con los demás. La interdependencia es una forma de cuidado, no solo en el sentido de atender al otro, sino en el sentido de cultivar las relaciones y los procesos que posibilitan la creación. Así, la creación colaborativa no es solo una estrategia estética, sino una oportunidad para transformar las estructuras sociales, para construir nuevas formas de convivencia a través del arte.

Este enfoque colaborativo no solo afecta el mundo del arte; tiene un potencial para incidir en lo social, en lo político. Cuando el proceso de creación se hace colectivo, no solo se transforma la obra, sino la forma misma en que nos relacionamos, cómo pensamos la comunidad, cómo pensamos la interacción social. A través de las prácticas colaborativas, pueden ser visibilizadas aquellas experiencias que históricamente han quedado fuera de foco: las de mujeres, comunidades racializadas, indígenas, migrantes, colectivos LGBTQ+, cuyas identidades han sido relegadas al margen del arte oficial. Este proceso de visibilización no se limita a darles voz, sino a reconocer sus saberes y sus formas de crear, desafiando la homogeneización impuesta por las narrativas dominantes.

Un ejemplo paradigmático de esta práctica es la obra *The Dinner Party* de Judy Chicago, una instalación monumental que celebra a mujeres históricamente invisibilizadas. Esta obra, que nació de un proceso colaborativo entre cientos de personas desde ceramistas hasta bordadoras, no solo desafió las jerarquías establecidas en el arte, sino que permitió visibilizar técnicas tradicionalmente asociadas con lo doméstico y lo femenino, que habían sido relegadas al ámbito de lo secundario. La obra misma, cargada de simbolismo, transformó la historia del arte y abrió una nueva comprensión sobre las contribuciones de las mujeres al patrimonio cultural. En este sentido, la colaboración no solo es un acto artístico, sino un acto de resistencia, un cuestionamiento radical sobre las estructuras de género que han dominado la representación artística.

Por otro lado, el trabajo del colectivo Guerrilla Girls ofrece una intervención directa en el arte institucional que desafía la injusticia estructural y la falta de representación femenina en los espacios artísticos. Su arte se convierte en una herramienta política de resistencia que visibiliza las desigualdades que se han ido naturalizando por parte de las estructuras de poder en el mundo del arte. La colaboración, unida por la causa feminista, no solo interrumpe las narrativas dominantes, sino que las reconfigura por completo.

En esta reconfiguración, el concepto de «conocimiento situado», propuesto por Donna Haraway, juega un papel crucial. Este enfoque reconoce que el conocimiento está siempre situado en un contexto determinado y plantea que el arte no es solo el resultado de una mente individual, sino una creación que surge de las interacciones y las experiencias compartidas. En los proyectos de arte comunitario el saber no es abstracto ni universal; está enraizado en los contextos específicos de los participantes, en sus historias, sus luchas, sus territorios. La interdependencia que se construye en estos procesos desdibuja la noción de autoría patriarcal y normativizada, y abre un camino hacia una concepción más inclusiva del arte.

Si miramos a España, las prácticas colaborativas también han jugado un papel clave en la acción política y social, sobre todo después del final de la dictadura franquista, cuando las estructuras de poder comenzaron a abrirse. Las dinámicas colaborativas se incorporaron en el arte como una respuesta a las tensiones sociales y políticas del país, sirviendo como vehículo para la participación y la deconstrucción de jerarquías.

Este impulso por lo colaborativo se ha consolidado con el tiempo, y en las últimas décadas ha dado lugar a proyectos como *La ciudad invisible*, en Barcelona, un claro ejemplo de arte participativo que desafía la visión tradicional del arte como un espacio elitista. Aquí, los habitantes de la ciudad no son solo espectadores, sino cocreadores de la obra. Este tipo de prácticas reconfigura el rol del público no solo en el arte sino en la sociedad misma, y abren nuevas posibilidades para pensar y vivir lo colectivo desde una óptica más inclusiva y transformadora.

En España, muchos colectivos y espacios autónomos han emergido como puntos clave de una práctica artística que se desvincula de los circuitos tradicionales de galerías y museos para generar propuestas que no solo cuestionan las estructuras del arte, sino también su rol dentro de la sociedad. Estos grupos operan al margen de las instituciones y se caracterizan por una organización horizontal que desafía la figura del autor único, del director artístico, y proponen en su lugar una estructura democrática en la que todas las voces tienen cabida. De esta manera, el arte no es solo una práctica estética, sino también un ejercicio político que reconfigura las relaciones de poder que atraviesan las instituciones.

A finales del siglo XX, con el ascenso de colectivos como Zemos98 y La Comunidad, (colectivo al que pertenece Noé Bermejo, participante en esta XXVII Mostra Art públic / Universitat pública) el trabajo colaborativo y las dinámicas participativas comenzaron a cobrar una relevancia creciente. Zemos98 se especializó en la mediación cultural como una herramienta para fomentar la participación ciudadana, mientras que La Comunidad apostó por involucrar a las personas en procesos artísticos colectivos que favorecen el intercambio de experiencias. Ambos colectivos, desde sus prácticas, reafirman la construcción conjunta de conocimiento y cultura, un proceso que desdibuja las fronteras entre el arte, el activismo y la intervención social.

Este fenómeno se inserta dentro de un proceso más amplio de desinstitucionalización de la cultura, que desafía el monopolio de las grandes instituciones del arte y su pretensión de legitimar qué es y qué no es arte. Las instituciones culturales tradicionales responden a intereses propios, en ocasiones exclusivistas, fragmentando la posibilidad de una creación colectiva que, en su sentido más profundo, pertenece a todos. Frente a esta concentración de poder, el arte colaborativo ha encontrado refugio en espacios autogestionados como La Invisible en Málaga, La Zurda en Pamplona o Bulegoa Z/B en Bilbao. Estos lugares, lejos de ser meras alternativas a las instituciones, son actos de resistencia misma, espacios que descentralizan la producción artística, construyen nuevas cartografías culturales y permiten una participación más abierta, libre de los condicionamientos del mercado y la legitimidad institucional.

En este proceso de transformación, el arte comunitario juega un papel crucial. Se trata de un arte que trasciende la creación individual para trasladarse a las comunidades, empoderándolas en la construcción de sus propias narrativas. Surgen proyectos con colectivos migrantes, personas con discapacidad o grupos LGBTQ+, que muestran el poder del arte como herramienta de visibilización para cuestionar las estructuras de exclusión y marginación, y como medio para transformar las realidades sociales. El arte, en estos contextos, ya no es solo un objeto de contemplación, sino un motor de cambio social.

La revolución digital ha acelerado este proceso de desinstitucionalización al facilitar la creación colectiva más allá de las barreras físicas. La red, ese espacio donde las fronteras se disuelven y las distancias se acortan, ha democratizado la producción artística. Internet y las redes sociales permiten que colectivos como Morfosis experimenten con arte interactivo y participación masiva en tiempo real. De este modo, la autoría se difumina y se abre paso a nuevas formas de creación compartida, al mismo tiempo que se cuestionan las formas de circulación y distribución del arte en el mundo contemporáneo.

Este proceso de desinstitucionalización del arte está profundamente vinculado con una lucha más amplia por la defensa de los derechos culturales. Nicolás Barbieri subraya que es fundamental garantizar que todas las personas tengan el derecho de decidir, producir y participar activamente en la cultura. Los proyectos colaborativos, que surgen al margen de las instituciones y la sociedad, permiten que comunidades históricamente excluidas —como los pueblos indígenas, colectivos LGBTQ+ o las mujeres— utilicen el arte para reivindicar sus derechos, visibilizar sus luchas y transformar sus realidades. Aquí, el arte se convierte en un espacio de resistencia, un medio a través del cual las comunidades reescriben su historia y construyen una nueva realidad, libre de las estructuras de opresión que las han relegado históricamente.

En conclusión, el arte colaborativo se ha consolidado como una práctica que va más allá de una metodología, emergiendo como una ética del cuidado y la solidaridad. El trabajo en colectivo, en su núcleo, no solo implica la cooperación de saberes, sino que también construye vínculos afectivos que transforman las dinámicas de poder.

La desinstitucionalización del arte y la proliferación de espacios autónomos ha permitido que el arte se desligue de las lógicas del mercado y de las instituciones para abrirse a una práctica más inclusiva y democrática. En momentos de necesidad, como los que surgen ante adversidades, las prácticas colaborativas se convierten en terrenos donde la solidaridad se manifiesta tanto en el gesto como en el propio proceso creativo, y abre nuevas posibilidades para repensar la convivencia y las relaciones sociales.

De este modo, lo colaborativo no es únicamente una forma de hacer arte; es una forma de vivir. A través de él se cuestiona la propiedad, la autoría y las jerarquías, y se crea un espacio común donde el afecto, la cooperación y la transformación social se entrelazan. El arte colaborativo nos invita a repensar el futuro, a imaginar nuevas formas de relación más horizontales, más inclusivas, más humanas.

El público en lo público. Participación y acción social a través del arte

María Paula Santiago Martín de Madrid

Numerosos autores, autoras y artistas han explorado la intersección entre el arte y el ámbito de lo público, y han destacado la capacidad del arte para suscitar debate social e influir en el pensamiento y la acción del público, entendido este como colectivo no pasivo. En este sentido se puede afirmar que el arte público se ha conformado como una destacada herramienta de compromiso social que actua como catalizador para el cambio y la reflexión en la sociedad; un arte que busca la incidencia social pero también el compromiso ciudadano, la reflexión y el debate. Se trata, pues, de un modelo que cobra dimensión en la discusión y en la confrontación, que reelabora la propia idea de lo público y se configura como contradiscurso.

A lo largo del siglo XX podemos observar una trayectoria histórica de invitación a la participación del público en las propuestas artísticas. Hacer partícipe al espectador ha sido una constante en prácticas situacionistas, *happenings, performances*, escultura social o proyectos participativos que adquieren gran relevancia a finales de siglo XX y principios del XXI con intervenciones cada vez más interdisciplinares.

Michel North señalaba en 1992 que el arte se hace público al tomar la experiencia espacial de su audiencia como tema. En una dirección complementaria, Rosalyn Deutsche afirmaba en 1996 que el arte público es en sí mismo un espacio donde asumimos identidades políticas.

En el nuevo siglo, autores como Félix Duque inciden en esta cuestión desde una perspectiva más explícita. Así, en *Arte público y espacio político* (2001), este autor indica que este no es un arte para el público ni del público, sino un arte que toma como objeto de estudio al público mismo, a la vez que pretende elevar a ese público a sujeto consciente y responsable, no solo de sus actos, sino de los actos cometidos por otros contra otros. Duque añade que el arte público no configura un nuevo y más justo espacio político, sino que pone en entredicho todo espacio político.

Ya en la década de 1970, John Berger señalaba en el ensayo *Modos de ver* (1972) que el arte refleja la realidad, pero también la construye y la cuestiona. El autor sostiene que las imágenes artísticas tienen el poder de transformar la percepción y, por tanto, la conciencia, señalando que más allá de ser un acto pasivo, ver es un proceso de codificación, decodificación e interpretación en el que participan significados derivados de nuestra experiencia, cultura y sistema de valores. Berger nos interpela a que, como público, consideremos las implicaciones políticas y sociales que subyacen en lo que vemos. Para el pensador, el arte es una herramienta para entender el mundo y reflexionar sobre él y considera que el acto de ver es político, ya que afecta a la forma en que percibimos y entendemos la realidad. Si bien las imágenes pueden ser utilizadas para controlar y manipular, también tienen el poder de liberar y empoderar.

Por su parte, ya Theodor Adorno en *Teoría Estética* (1970) planteaba que el arte tiene un papel esencial en la resistencia contra las injusticias sociales, ya que es una forma de protesta silenciosa que desafía las normas establecidas y abre espacios para la crítica y la reflexión. Para Adorno, el arte no puede ser algo meramente formal que proviene de funciones subjetivas de intuición.

A lo largo de los últimos años, desde diferentes disciplinas y con diferentes enfoques, se ha profundizado en esta capacidad del arte que va más allá de la mera expresión estética y se ha analizado su capacidad para la resistencia, la educación y la movilización. De hecho, el arte público y participativo, el comprometido socialmente, es una dimensión fundamental de la crítica cultural a la que autores y autoras como Lucy Lippard, Suzanne Lacy, Hal Foster, Claire Bishop o Grant H. Kester, entre muchos otros, han contribuido a facilitar la comprensión sobre cómo puede, el arte, influir en la sociedad promoviendo cambios estructurales.

De manera recurrente, la socióloga Lucy R. Lippard se ha preguntado por el papel del artista. En un acto celebrado en 2018 en el Museo Reina Sofía, la también crítica de arte y activista impartió una conferencia en la que planteaba numerosas preguntas sobre lo que queremos expresar cuando desarrollamos un proyecto artístico. Lippard se plantea hasta qué punto la creación artística puede actuar sobre las conciencias y producir un impacto tal en el público que permita la reflexión; también se pregunta por el rol político del arte y por la capacidad que tiene para transformarse en una forma de intervención social.

Lippard, al afirmar que el arte de compromiso social es una herramienta crucial para desafiar las estructuras de poder y abogar por el cambio, se interroga asimismo sobre lo que valoramos más, si el éxito individual o una victoria social colectiva. En este sentido, en el ensayo *Get the Message? A Decade of Art for Social Change* (1984), Lippard ya afirmaba que el arte tiene la capacidad de hacer visible lo invisible, de poner al descubierto cuestiones que de otra manera serían ignoradas. Este hecho le permite insistir en que el arte puede ayudar a sacudir las conciencias y constituirse en un importante medio para provocar la acción social.

A su vez, Suzanne Lacy, en su papel de artista, en *Mapping the Terrain: New Genre Public Art* (1995), destaca cómo el arte público puede ser utilizado para abordar problemas sociales y crear conciencia. Lacy enfatiza que el arte puede ser un medio para involucrar a la comunidad en la resolución de sus problemas, para fomentar un sentido de responsabilidad y acción comunitaria. Pone de relieve la importancia de la participación y colaboración con el público, origen del denominado arte público de nuevo género. Esta no es una modalidad basada en una tipología de materiales o medios, sino que se fundamenta en la participación y recepción de la obra por parte del público, así como en la voluntad política. Aquí, la artista se posiciona como activista con el único interés de potenciar el cambio y estimular la conciencia de las comunidades participantes en los proyectos.

Lacy lleva a cabo un análisis sobre las diferentes posiciones del artista en función de la implicación del público y establece una diferenciación entre artista experimentador e informador o artista analista y activista; una categoría, esta última, capaz de crear consensos. Para Lacy, las prácticas culturales activistas son esencialmente colaborativas, una colaboración que se convierte en participación pública cuando los y las artistas logran incluir a la comunidad o al público en el proceso.

Por otro lado, uno de los aspectos más destacados del arte en relación con la participación de colectivos y la recuperación de la memoria es su capacidad para preservar y transmitir acontecimientos históricos que, de otro modo, podrían ser olvidados o ignorados. El crítico de arte e historiador Hal Foster señala en *El retorno de lo real* (1996) que un gran número de artistas ha utilizado la colaboración con comunidades para recuperar historias suprimidas, proponiendo contramemorias históricas. Así, el arte público ayuda a recuperar la memoria histórica y social, ofreciendo un espacio de reflexión y crítica. Foster da importancia al hecho de que, a través de diferentes poéticas y formas de expresión, los y las artistas han capturado acontecimientos significativos de la historia y han documentado experiencias y luchas de las comunidades, a la vez que han actuado como medio para la expresión de la disidencia y la resistencia.

En la m isma línea, Claire Bishop, en *Artificial Hells: Participatory Art and the Politics of Spectatorship* (2012), analiza las dinámicas del arte participativo y su potencial para crear un impacto social significativo, y subraya que este tipo de arte puede ser un medio para la intervención social. Respecto a las aportaciones de Bishop, cabe señalar su planteamiento sobre lo que ella denomina «antagonismo relacional». La autora se plantea quién es realmente el público, cómo se hace la cultura y para quién se hace, y otorga una gran importancia no solo a la producción, sino también a la recepción y contexto del trabajo artístico. La autora propone analizar cómo el arte contemporáneo se dirige al espectador y cómo se puede evaluar la calidad de las relaciones que produce entre su público.

En este contexto, cabe recordar a su vez a Grant H. Kester, que ha explorado el concepto acuñado por él «arte dialógico», que otorga una gran importancia al diálogo en las artes. En *Conversation Pieces: Community and Communication in Modern Art* (2004), Kester examina cómo el arte participativo y colaborativo puede generar diálogos que promuevan el entendimiento y la acción social. Según Kester, estos enfoques artísticos no solo involucran a la comunidad; también la empoderan para abordar problemas sociales y políticos.

En conclusión, el arte público y participativo ha emergido como una de las formas más dinámicas de expresión artística contemporánea y desafía las nociones tradicionales de lo que el arte puede ser y a quién está destinado. A diferencia de otros modelos, el arte público busca activar espacios comunes, integrarse en la vida cotidiana y establecer un diálogo directo con la comunidad. Es aquí donde la participación del público se convierte en un componente fundamental del proceso artístico, y donde transforma a los espectadores en colaboradores activos.

A su vez, podemos afirmar que tiene el potencial de democratizar el arte porque lo lleva más allá del uso que de él realizan las élites culturales, y lo pone al alcance del público común, al invitar a la reflexión social, la interacción y la participación comunitaria. Asimismo, fomenta el sentido de pertenencia y la cohesión social y se transforma en vehículo capaz de abordar cuestiones como la justicia social, la sostenibilidad o la identidad colectiva, entre muchas otras. Al involucrar al público en la creación y surecepción, el arte público cuestiona las barreras entre el artista y el espectador y desafía la idea del arte como objeto de consumo pasivo.

↓

Bibliografía

· Adorno, Th. W. (2004). *Teoría estética*. Akal.

· Berger, J. (2006). *Modos de ver*. Gustavo Gili.

· Bishop, C. (2012). *Artificial Hells: Participatory Art and the Politics of Spectatorship*.

· Deutsche, R. (1996). Evictions. *Art and Spatial Politics*. MIT Press.

· Duque, F. (2001). *Arte público y espacio político*. Akal.

· Foster, H. (1996). *El retorno de lo real. La vanguardia a finales de siglo*. Akal.

· Kester, G.H. (2004). *Conversation Pieces: Community and Communication in Modern Art*. University of California Press.

· Lacy, S. (1995). *Mapping the Terrain: New Genre Public Art*.

· Lippard, L. (1984). *Get the Message? A Decade of Art for Social Change*.

· North, M. (1992). "The Public as Sculpture..." En *WJT Mitchell, Art and The Public Sphere*. University of Chicago.

Vicente Aguado
***El espejo negro de obsidiana*, 2024**
Vinilo adhesivo semiopaco sobre espejo
60 × 40 cm c/o

Campus de Burjassot. Lavabos de la Biblioteca de Ciències Eduard Boscà

> *Todo el mundo tiene un espejo en el que se mira por la mañana. Se refleja y ve el aspecto que tiene. También ahora, todo el mundo tiene un teléfono con una pantalla donde se refleja no lo que es, sino lo que quisiera ser.*

Con esta instalación, que he titulado *El espejo negro de obsidiana*, invito a reflexionar en torno al hecho de mirarse al espejo. En un baño público, que es un espacio íntimo y claramente separado, cualquiera puede evocar ideas sobre la construcción de la imagen personal: cómo nos vemos, cómo nos percibimos y cómo queremos ser percibidas en la era de la hiperconexión digital, donde todas las personas sufren una cierta escisión de la realidad física, fruto de la constante sobreexposición en redes sociales.

La metáfora del espejo negro evoca la pantalla del teléfono móvil, donde también nos reflejamos todo el tiempo y donde construimosdiferentes realidades que, a menudo, ocasionan problemas sociales y mentales. La alusión a la piedra obsidiana —que en su estado natural es de color negro y es uno de los minerales más difíciles de cortar y romper— señala directamente al tradicional espejo de obsidiana utilizado antiguamente como portal o vía de conexión a lo preternatural, el mundo de los espíritus y las dimensiones mágicas.

Justamente, las redes sociales a menudo hacen las veces de portal mágico a otras realidades, donde mucha gente vive la vida que realmente quisiera tener o se muestra como realmente desea mostrarse. Nuestro personal espejo negro de obsidiana sería entonces el dispositivo móvil que llevamos en el bolsillo casi permanentemente.

La idea de esta instalación es provocar la reflexión tras mirarnos a un espejo que nos devuelve nuestra imagen oscurecida, distorsionada, diferente de lo que creemos ser. El acto de mirarse a un espejo, que interpela directamente a nuestros mecanismos de autoaceptación, tal vez active ciertos engranajes en la profunidad de nuestra psique. El espejo como pantalla del dispositivo digital que, al mostrarse oscurecido, actúa como puente entre lo tangible y lo intangible.

Amaya Suberviola
***Adoptar y adaptarse*, 2024**
Pintura al agua serigrafiada sobre hierba, dimensiones variables

Campus de Burjassot. Jardín de la Biblioteca Eduard Boscà

El título *Adoptar y adaptarse* hace referencia a un sujeto que acoge una forma que no es de su naturaleza, y una forma que se amolda al sujeto teniendo en cuenta su corporeidad y sus normas.

Generalmente, en mi obra me detengo en las características particulares de las imágenes y sus contenedores, lo que son propios de mi generación, para plantear una traducción a pintura. Con este fin, el de traducirlas a un lenguaje pictórico, he estudiado hasta la fecha las características que acontecen en soportes como pantallas de dispositivos digitales o contenedores publicitarios. Esto me ha permitido crear obras desde esas particularidades específicas y profundizar, por ejemplo, en la superposición de motivos, la falta de información o la reproducción seriada.

Dentro de un contexto donde convivimos con multitud de soportes creados para albergar y visualizar imágenes, me pregunto cómo afectarían en la imagen los soportes que no han sido diseñados para contenerlas, y cómo podría ser protagonista la repercusión que puede tener un soporte. La acción planteada para esta XXVII Mostra Art públic / Universitat pública desarrolla una respuesta a estas cuestiones, usando césped natural como soporte y una imagen serigrafiada a modo de patrón como forma. La obra busca señalar la relación entre continente y contenido, la convivencia orgánica entre dos sujetos nacidos bajo diferentes directrices, lo que ocurre en la comunión entre el adoptar y el adaptarse.

Se trata de una intervención de serigrafía sobre césped, de 320 × 240 cm, de 48 estampas realizadas con pintura vegetal, la misma que se usa para pintar las líneas de los campos deportivos. Durante los cuatro días que estuvimos trabajando en la instalación, resultó interesante comprobar cómo cada día la imagen cambiaba cuando el césped se despeinaba, lo regaban, crecía o lo pisaban. En el estudio, normalmente es el pintor el responsable del resultado del cuadro a través de sus acciones, y me resulta muy atrayente ver cómo la autoría puede delegarse en el soporte.

Marco Ranieri
***Todo lo que crece*, 2024**
Herbario artístico comunitario
Metal, cañas, vídeo, estampación botánica y cianotipia sobre tela de algodón orgánico

Campus de Burjassot. Jardín de la Biblioteca de Ciències Eduard Boscà
Grupo de trabajo: alumnas y profesoras de las facultades de Magisteri, Geografia i Història y Ciències Biològiques

Hay una frase en el libro *El disputado voto del señor Cayo*, de Miguel Delibes, que dice: «¿Qué va a ocurrir aquí el día en que (...) no se encuentre a una sola persona que sepa para qué sirve la flor del saúco?».

Este proyecto trata de que no lleguemos nunca a contestar esta pregunta.

Todo lo que crece es un proyecto de investigación artístico-botánica comunitaria e itinerante diseñado para realizarse en pequeños pueblos rurales y en ciudades que han recibido, o siguen recibiendo, un fuerte flujo migratorio desde estos pueblos y áreas rurales. El acceso a los estudios superiores y universitarios continúa siendo uno de los motivos principales de migración del campo a la ciudad. Así, en ocasión de la XXVII Mostra Art públic / Universitat pública se ha propuesto realizar una edición del proyecto interpelando a la comunidad universitaria de la Uinversitat de València.

Esta investigación se ha realizado con profesoras y alumnas de las facultades de Magisteri, Geografia i Història y Ciències Biològiques, con quienes se ha reflexionado alrededor de la vegetación local, doméstica y familiar, y sobre los conocimientos locales situados, tradicionales y subalternos. Asimismo, se han indagado las relaciones emocionales y afectivas que establecemos con las plantas con las que cohabitamos.

A través de una serie de encuentros, dinámicas y procesos participativos se han generado recursos artísticos-botánicos para el conocimiento rural que contribuyen a la transmisión y recontextualización de los saberes botánicos: un catálogo y un vivero de plantas representativo de las plantas compañeras vinculadas a las participantes; y un herbario participativo realizado con las técnicas del *ecoprint,* en el caso de aquellas plantas que presentan también algunas propiedades tintoreas, y de la cianotipia en el caso de plantas que no poseen estas propiedades y/o pueden tener algún grado de toxicidad.

Estos resultados se han expuesto durante la XXVII Mostr Art públic / Universitat pública creando en el jardín de la Biblioteca de Ciencias a modo de instalación compuesta por dos elementos: un invernadero transitable, que ha cobijado el vivero, y una estructura de cañas sobre la cual se ha desplegado el herbario.

Fernando Martínez
Lo que dura el día, 2024
Día 14 de julio de 2024
Día 23 de septiembre de 2024
Cianotipias en papel Fabriano Rosaspina 285 gr
100 × 70 cm
Caja de madera sobre caballetes, 2024
26 × 106 × 77 cm

Campus de Burjassot. Facultat de Física, planta baja, bloque C

Mirar las nubes pasar, ver cómo varían los colores del cielo al amanecer o al atardecer sobre el horizonte. Prestar atención a aquellos sutiles cambios en el paisaje que hacen detener la acelerada e hiperestimulada realidad impuesta hoy día. No hace tanto desde que la pandemia nos obligó a parar, a frenar en seco y experimentar de otra forma el tiempo. Hay quien lo cuenta como un periodo de angustia donde los días pasaban lentamente. Sin embargo, otros se sintieron liberados por primera vez y abrazaron conscientemente el transcurrir de los días. Resulta curioso como la percepción subjetiva contrasta en ocasiones con el tiempo físico.

Lo que dura el día es un proyecto que persigue la idea de materializar el paso del tiempo desde una mirada artística, registrando el desplazamiento del Sol por la bóveda celeste durante el transcurso del día. Mediante una caja de madera que actúa como cámara oscura, la luz solar penetra a través de un óculo incidiendo sobre un papel emulsionado con sales de hierro fotosensibles capturando el tránsito del astro en un día. Al caer la tarde y revelar la cianotipia se obtiene la línea «dibujada» por el Sol, cuya curvatura fluctúa según la altitud del Sol en la estación del año, o muestra distintas gradaciones de color según la hora del día. Hasta el posible paso de nubes que ocultan ocasionalmente la luz queda traducido en discontinuidades. Huellas del paso del tiempo traducidas a un lenguaje abstracto que alude a la pintura como medio y nueva forma de percibirlo.

Para la realización de dicho proyecto ha colaborado el Departament d'Astronomia i Astrofísica de la Facultat de Física, que han cedido el terrado que se encuentra al lado de los telescopios del Aula d'Astronomia para realizar una de las intervenciones, y añade un valor simbólico a la obra.

La instalación presentada consta de la caja de madera, fotografías que documentan las intervenciones artísticas y dos cianotipias realizadas durante el solsticio de verano y el equinoccio de otoño, que nos invitan a reconquistar la atención individual y la toma de consciencia de nuestro tiempo interno para aminorar los ritmos frenéticos que hemos acogido como propios.

Col·lectiu FORAT
(Marta Negre y Andreu Signes)
***RFR/RFXº*, 2024**
Cien esferas acrílicas cristalinas de 8 cm de diámetro con espejo doble
Fuente central
Cápsula de vídeo digital, hoja HD, color, sonido

Campus de Burjassot. Facultat de Física, bloque D, primer piso

Recordamos el mito griego del joven Narciso que, acercándose a un arroyo a admirar su rostro reflejado en el agua, quedó instantáneamente atrapado por su propio reflejo y, ensimismado, cayó al fondo del estanque sin poder salir nunca más.

La instalación *site specific RFR/RFXº* (*Refracción/Reflexión superíndice esfera*) nos invita a observar, ante la fuente situada junto a la Facultad de Física del campus de Burjassot, algunos fenómenos ópticos relativos a la refracción y reflexión mediante un centenar de esferas acrílicas dispersas en flotación. La pieza se activa y se articula de forma variable según las condiciones climatológicas y lumínicas que afectan al campus diariamente, así como por la interacción con el propio alumnado.

RFR/RFXº reflexiona sobre el interés perdido en la observación del mundo físico, natural y orgánico a partir de la obnubilación causada por el resplandor de la luz de las pantallas y de los dispositivos móviles hiperconectados. Una sociedad irreversiblemente digitalizada que deriva hacia un preocupante estado de soledad y narcisismo, según algunos pensadores y pensadoras referentes actuales.

La acción se complementa con una videocreación que puede visionarse a través de un código QR y en una pantalla de vídeo ubicada en la propia Facultad de Física. Esta propuesta visual sobre el sentido de las sociedades contemporáneas «refractadas» se articula a través de imágenes reales de burbujas grabadas desde otra perspectiva, ahora bajo el agua, con diferentes efectos lumínicos. Se articulan algunos conceptos relativos a la identidad contemporánea en su dependencia de exhibición y representación digital.

El final del vídeo cierra, metafóricamente, con imágenes superpuestas secuencialmente de diferentes cuadros del mito de Narciso, diluidos sobre un fondo acuático.

La transcripción dice:

Dispositius hiperubics d'un món digital
per la suma de les seues interfícies.
Múltiples pantalles activades per
representar autoidentitats.

Temps biològic transformat en temps algorítmic transformat en temps cronoscòpic.
Momenta, còpies virtuals en un continuum ritual d'exhibició.
Videoesfera exponencial.
Societats refractades.

Edu Comelles
***Las goteras o porqué es más fácil imaginar el fin del mundo que el del capitalismo*, 2024**
Cubos de cartón reciclado, altavoces y grabaciones de campo
Dimensiones variables

Campus de Burjassot. Aulario interfacultativo. Facultat de Farmàcia. Vestíbulo, planta baja

Els degotalls parte de la práctica cotidiana de situar cubos en lugares estratégicos de los edificios que habitamos para evitar goteras. Esta práctica común, improvisada y precaria, se convierte en metáfora del fracaso de la arquitectura ante la naturaleza, y el agua que se abre camino en un tiempo de climatología extrema.

Esta instalación sonora despliega varias ideas cruzadas como reflexión sobre el estado actual de colapso ambiental en que vivimos inmersos. Es también metáfora de las evidentes fisuras en el sistema y de cómo a menudo olvidamos una realidad que tenemos encima.

Els degotalls aborda las ideas establecidas por Fredric Jameson (Cleveland, 1934) en la cita que subtitula esta obra, y todo lo que esta reflexión esconde. Al mismo tiempo, la obra se nutre del sistema diseñado por el personaje interpretado por Brendan

Gleeson en la película *28 Days Later* (Boyle, 2002), donde crea una instalación en el tejado de su refugio postapocalíptico para recoger agua de lluvia. Aun así, la obra traza puntos de unión con expresiones de la cultura popular como «hacer aguas», en relación con una situación insostenible que se encuentra en vías de desmantelamiento.

Esta instalación sonora es, en definitiva, un dispositivo simbólico para enfrentar diferentes reflexiones que emanan de la metáfora de las goteras, como cambio climático, sostenibilidad, colapsismo, con aspectos como la ausencia de agua a través del registro sonoro y sus connotaciones conceptuales, o la metatextualidad de las referencias al imaginario postapocalíptico audiovisual; así como el uso deliberado de materiales frágiles y reciclados.

La formalización estética de la pieza parte del imaginario simbólico del cubo para evitar goteras y reconstruye esta imagen icónica utilizando cartón reciclado, un material de uso diario que, a través de su procesamiento, deviene contenedor sonoro. El conjunto autónomo de altavoces despliega un paisaje sonoro hiperrealista que busca disparar la imaginación del espectador y el oyente, invitándolo a suspender la credibilidad y asumir este constructo como una recreación aural de un paisaje sonoro conocido y reconocido por todos.

Alba Mayol
***Anemone*, 2024**
Reproducción de dibujo a lápiz sobre papel, en lona de PVC con impresión látex
112 × 200 cm

Campus de Blasco Ibáñez. Puerta principal de las facultades de Ciències de l'Activitat Física i l'Esport y de Fisioteràpia

En su último artículo publicado en *L'international*, la teórica decolonial Françoise Vergès propone considerar Palestina como una lente a través de la cual examinar procesos de descolonización en las instituciones occidentales. Su punto de partida es plantear las denominadas democracias liberales como sistemas que están intrínsecamente manchados de violencia, apropiación de tierras y saqueo de objetos que quedan guardados en los museos de Occidente.

Al llevar a cabo un proceso de deconstrucción ideológica del discurso del que bebe el sistema del arte, se puede ver cómo nos acercamos al concepto de legado, cómo construimos una visión del nosotros y de los otros desde la dicotomía cultura/naturaleza, sobre la que basamos los principios de civilización y de modernidad, como plantea Bruno Latour. Vergès lo recoge y apunta que los movimientos indígenas, antirracistas y transfeministas ya contemplan un presente y un futuro para especies humanas y no-humanas, ya que sus legados hace mucho tiempo que ponen en cuestión la separación humano/no-humano.

Nuestra subjetividad dentro del sistema cultural, político y económico que ocupamos no puede obviar que forma parte de un todo vulnerable e interdependiente. La situación actual en Palestina ofrece una posibilidad de no retorno para considerar nuestra tarea en las instituciones culturales como una de calado político que puede tomar cuerpo en lo que Vergès denomina utopías pragmáticas.

Como especie no-humana, la *anemone coronaria* vive y se reproduce en las tierras palestinas, siendo el símbolo de su comunidad. Al mismo tiempo, la encontramos en otras zonas del contexto mediterráneo, incluyendo el nuestro. En palabras del poeta palestino Mahmoud Darwish:

> flor que transforma un paisaje interior, cenizas grises dentro de ti las remueve el latido de las alas del pájaro verde, y sales a encontrarla y entra en ti como la noche abraza el día, como lo visible se reúne con lo invisible

Una manifestación de vulnerabilidad puede ser una afirmación de fuerza común en la dirección de las utopías pragmáticas, hacia una relectura crítica que desmonte las estructuras de opresión y nos haga partícipes de un mundo nuevo que nace sobre las cenizas.

Noé Bermejo
***NO PUEDO MÁS*, 2024**
Fotografía de gran formato y tela de tul bordada con encaje y pedrería

Campus de Blasco Ibáñez. Biblioteca de Psicologia i Esport "Joan Lluís Vives"

La narración se establece en primera persona desde un enfoque y circunstancias propias del artista. La propuesta consta de dos elementos que dialogan entre sí —una pieza textil y unas fotografías de gran formato— y se integran a su vez en el espacio, formal y simbólicamente.

La costura es algo femenino que pertenece al ámbito de lo privado, de lo doméstico. Es lenta y minuciosa, exige quietud y paciencia. Lo normal es que su aprendizaje sea en el seno de la propia familia y de forma intergeneracional. En este caso, el que cose es un hombre al que nadie le ha enseñado, precisamente por su género; la misma razón por la que se mitigaron ciertos sentimientos y deseos a través de pactos de silencio, hasta perder la capacidad de reconocerlos. Y es que hay cosas de las que no se habla, y mucho menos se enseñan, si eres un hombre.

Y así se empezó este tapiz, como un aprendizaje; una búsqueda llena de errores, que se hace y se deshace mil veces, igual que hizo Penélope. Un trabajo en el que el tiempo que exige y el proceso es más importante que el propio resultado.

Un velo transparente se borda con materiales nobles y delicados, pensados para generar reliquias que se atesoran y que, alejadas de un uso práctico, se salvaguardan como elementos de una mitología personal y propia de rituales, como son las sábanas bordadas, los ajuares matrimoniales, los velos de novias, las mantelerías, los trajes bautismales...

Tul, encaje, pedrería de nácar, perlas. Piedras semipreciosas nacidas del sedimento del tiempo, y cristales. Cristal de roca brillante, transparente, refractante, para hablar de un proceso casi mágico cargado de simbología y narración. Un velo cosido con un *arma* —no olvidemos que la aguja hiere y sutura— para alzar un grito imposible de pronunciar: «NO PUEDO MÁS».

El velo alude a algo secreto, escondido e íntimo, está relacionado con un conocimiento prohibido y su revelación. Además de ser algo altamente simbólico, es sobre todo un elemento que resguarda y protege al que esta tras él, pero también defiende a aquellos que se ubican enfrente. Aquí como muro imposible, presente como una neblina delante la vista.

En la instalación, este elemento perteneciente a un terreno de lo íntimo aparece como elemento disruptivo en mitad de la biblioteca, sobrevolando las miradas de todos sus usuarios. Poder ver a través de este velo, es mostrar la vulnerabilidad.

Ser vulnerable es tener la capacidad de empatizar, de dejarnos afectar por lo que sucede; tiene que ver con ser sensibles, sentir las emociones, reconocerlas y estar en ellas. Sin embargo, se nos ha educado para entender el ser vulnerable como una debilidad.

La instalación enfrenta dos modelos intergeneracionales de sobrellevar y mediar lo emocional: generación de cristal / generación X. El contexto en el que se plantea la obra propicia la posibilidad de un diálogo intergeneracional. El grueso de los usuarios de la biblioteca ronda los 23 años, la denominada generación de cristal, etiqueta que le pone nombre al vínculo que estos jóvenes tienen con sus emociones y su salud mental. Esta expresión se refiere a la idea de que los miembros de esta generación son más sensibles y emocionales que las generaciones anteriores. Pero la metáfora del cristal se refiere además de a la fragilidad del material, a su transparencia y a la capacidad de poder decir y expresar lo que realmente sienten, al tiempo que preservan su salud mental.

La media de edad de los trabajadores en activo de la sociedad española es de 43 años, generación en la que me encuentro y desde la que planteo el discurso, la llamada generación X, que se caracteriza por su fuerte sentido de independencia y autonomía, de tal modo que la vida profesional legitima lo personal.

Se plantea así un cuestionamiento de roles, enseñanzas y valores, al asumir la propia vulnerabilidad como la forma de sanar. Se toma conciencia del aprendizaje, que es entender la vulnerabilidad como herramienta de conexión con las propias emociones, como elemento de vínculo y espejo.

Es este un diálogo que se hace en un espacio diseñado para el silencio y el estudio donde confluyen los futuros psicólogos, lo cual propicia divergencias, y reflejos, que en definitiva hablan de la necesidad de una educación emocional. Es, asimismo, un diálogo entre los futuros profesionales de la cuestión —a los cuales se les acusa continuamente de débiles— y la voz de un narrador que se presenta en colapso emocional cuando debería ser dique estable y reflejo sólido de la sociedad activa.

En segundo término, se plantea un elemento propio de lo público y relativo a lo publicitario integrado dentro de la arquitectura del espacio, que es la señalética y las gráficas existentes en la biblioteca. Tres fotografías, tres retratos sobre los que están superpuestas cada una de las palabras que forman la frase del textil bordado: *NO – PUEDO – MÁS*. Las fotos están separadas entre sí e insisten en una lectura individual y su significado autónomo, no como frase.

En las fotografías, el punto focal estará sobre la palabra-joya y la persona retratada aparece desenfocada, *velada*, y, por tanto, en un plano secundario. Cada una de las palabras se coloca sobre los ojos, insistiendo así en una eliminación identitaria al anular la mirada. Retratos frontales —del propio artista: varón de tipología media y 42 años de edad— que juegan con el registro de la fotografía de moda y publicitaria. Fotos en un exceso de pose, generando una atmosfera imprecisa, a través de la postura, las manos y la ropa que distan mucho de ser casuales. Fotos que en cierta medida son solo pose, constructo y apenas descripción.

Si fragmentamos el texto que se ha bordado y aislamos las palabras NO - PUEDO - MÁS, el mensaje es competentemente distinto y ambiguo. Aunque parecieran ser determinaciones positivas y alentadoras no lo son, o al menos son susceptibles de ser cuestionadas. Son palabras y conceptos que tienen más que ver con el eslogan publicitario, o con la portada de un libro de autoayuda. Premisas sobre las que toda una generación ha sustentado la forma de estar en el mundo, lanzadas desde un imperativo que nos obliga a un sentimiento impostado e irreal.

NO

Debemos ser asertivos.

El NO ha de ser fuerte, contundente y definitivo. NO se nos permite titubear, dudar, confundirnos y es que debemos

tener una opinión sólida y además defenderla, como si no fuera ya bastante con procesar y entender qué opinar al respecto.
PUEDO
Nos hemos/han obligado a pensar que podemos lograr lo que deseamos, que lo importante es conseguir nuestros objetivos.
Se han de fijar metas y llegar a donde se quiere, pensar que podemos.
PUEDO como paradigma identitario y de valía, poniéndonos siempre al límite. Poniendo al límite nuestras capacidades, incluido al propio deseo.
MÁS
No se puede pedir a nadie MÁS de lo que es capaz de dar, ni esperar que los demás sean como nosotros queremos.
No todos tenemos las mismas capacidades, ni los mismos gustos.
No tenemos las mismas aspiraciones, ni vemos la vida con el mismo prisma.
No sentimos igual, pero tu sentir es tan lícito como el del otro.
Lo que sí tenemos en común todo, es que siempre queremos, deseamos, esperamos MÁS.

Las imágenes generadas se integran en el hipertexto de las instalaciones universitarias, en la cartelería señalética y *displays*, diluyéndose aún más su identidad y su razón.

Álvaro Porras Soriano
***Galopar de arenas pedestales*, 2024**
Material de derribo ensamblado

Campus de Blasco Ibáñez. Jardín de la Facultat de Psicologia i Logopèdia

Desde hace tiempo, los estudios culturales han reflexionado sobre la condición política del paisaje como un elemento clave en la conformación de territorios y las normalizaciones hegemónicas derivadas.

En esa línea, esta investigación se centra en el paisaje moderno definido a partir de la expansión de la racionalidad instrumental del siglo XIX. En especial, la segunda mitad de este siglo consolida un modelo paradigmático de visualización: la cenital. Esto se evidencia en la representación pictoricista de la época, desde los panoramas de Detaille y de Neuville, que expanden la visualidad más allá del límite ocular, hasta la desorientación del sujeto omnisciente de Turner, que imita el ojo divino.

Junto con el desarrollo de la ingeniería y la arquitectura, emerge el urbanismo funcionalista que, mediante la cartografía planimétrica, configura la ciudad moderna. A los modelos europeos se suman los de la colonialidad industrial, generando un escenario de obra y reforma que impulsa grandes proyectos urbanísticos del XIX: el plan Haussmann en París, el plan Cerdá en Barcelona, el Paseo de la Reforma en México y los planes de Ensanche, como el de València.

En la ciudad moderna, surgen modelos y acontecimientos que constituyen figuras de pensamiento. Uno de los más relevantes es la sustitución patrimonial por expansiones higienistas o reformistas. En València, este fenómeno se manifiesta en la destrucción de tramos de la muralla durante el reinado de Isabel II o en el desarrollo cuadricular de Peris y Valero. Sin embargo, también afecta los interiores de espacios medievales, como evidencia la destrucción del Palacio de Mossèn Sorell.

Este palacete gótico flamígero con elementos herrerianos del siglo XV perteneció a una familia nobiliaria valenciana hasta la Desamortización de Mendizábal. En ese momento, la familia Sorell perdió varias posesiones y decidió vender o alquilar partes del palacio, ya semiabandonado. A lo largo del tiempo, el edificio fue usado como taller de hilanderas, taller de litografía y, finalmente, como casino del Ateneo Obrero.

En 1878, un incendio aparentemente provocado destruyó el palacio. Sus elementos arquitectónicos y artesonados fueron expoliados por un anticuario holandés y repartidos en museos internacionales.

El solar, tras su derrumbe, fue adquirido por promotores inmobiliarios y vendido al municipio, facilitando la ampliación higienista del barrio del Carmen.

Este caso es uno de los primeros ejemplos documentados de violencia habitacional y especulación inmobiliaria en València, antecedentes directos de problemáticas actuales: fragmentación socioespacial, disolución de colectividades, privatización del espacio y pérdida patrimonial.

La pieza presentada en este proyecto toma como referencia la planimetría del Palacio, reconstruida gracias al trabajo de historiadores de la arquitectura como Fernando Pingarrón y Federico Iborra. Sobre estas reconstrucciones, se plantea un ejercicio de abstracción formal y analítica que provoque una nueva permutación de los valores arquitectónicos del desaparecido palacio.

Asimismo, la pieza incorpora un agenciamiento material que replica los procesos históricos, desde su materialidad hasta su definición formal. En esta metodología, la obra se ha conformado mediante el ensamblaje de maderas obtenidas de viguetas de derribo, recuperadas de otros espacios desaparecidos.

Teresa Marín García
***Topología de una táctica de fuga*, 2024**
3 enciclopedias Espasa-Calpe, cintas de amarre de transporte, varillas de hierro y 525 octavillas impresas
285 cm x 78 cm ø

Campus de Blasco Ibáñez. Vestíbulo de la Facultat de Geografia i Història

La *Enciclopedia universal ilustrada europeo-americana* (1905-2011), conocida como *Enciclopedia Espasa-Calpe*, es el símbolo del proyecto enciclopédico español del siglo XX, heredera del proyecto ilustrado. El saber enciclopédico, como el académico, en su afán de compendiar y difundir todo el conocimiento posible de modo universal, deviene en conocimiento vertical, instrumento de poder y dominio cultural hegemónico, que jerarquiza y discrimina saberes. La *Enciclopedia Espasa-Calpe*, su enfoque y sesgos, son fruto de su época. Como otras enciclopedias, refleja las necesidades y mentalidad de su momento histórico y de quienes la impulsaron.

Construyo una segunda piel enciclopédica alrededor de un pilar del vestíbulo de la Facultat de Geografia i Història como deconstrucción metafórica de las estrategias de poder del conocimiento. Un blindaje paradójico que posibilita espacios críticos de fuga donde se anidan otros saberes, o se cuestionan los existentes, mediante octavillas que combinan textos e imágenes no incluidos en la enciclopedia. Relaciones entre textos e imágenes que muestran la fricción irreconciliable entre dos formas de acceso al saber. Uno no refleja toda la descripción posible; la otra no es la mera ilustración, y abre sentidos, mecanismos iluminadores del saber que muestran el conflicto de la ambición universalizante frente al exacerbado sentido interpretativo y subjetividad personal, sintomáticas de la época actual.

Activo una *táctica de fuga* que invita a participar a las personas que habitan este espacio tomando estas octavillas con mensajes disruptivos para propiciar la reflexión sobre: la necesidad de contemplar visiones críticas, inclusivas y respetuosas con los saberes plurales y la diversidad; la importancia de lo poco visible o pequeño para la supervivencia de los ecosistemas, o los peligros de una globalización que arrasa con lo local. Todo ello son aspectos necesarios para la construcción de relatos históricos y de las humanidades que pretendan contribuir a generar sociedades responsables, justas, igualitarias y atentas a la sostenibilidad de la vida.

Rafael Tormo
***IP33. La existencia de un vacío; Ausencia definitiva*, 2024**
Polietileno y aire. Termosellado
Dimensiones variables

Campus de Blasco Ibáñez. Facultat de Geografia i Història, vestíbulo primer piso

Superar exige asumir, no pasar página o echar en el olvido. En el caso de una tragedia requiere, inexcusablemente, la labor del duelo, que es del todo independiente de que haya o no reconciliación y perdón. En España no se ha cumplido con el duelo, que es, entre otras cosas, el reconocimiento público de que algo es trágico y, sobre todo, de que es irreparable. Por el contrario, se festeja, una y otra vez, en la relativa normalidad adquirida, la confusión entre que algo sea ya materia de historia y el que no lo sea aún, y en cierto modo para siempre, de vida y de ausencia de vida. El duelo no es ni siquiera cuestión de recuerdo: no corresponde al momento en que uno recuerda a un muerto, un recuerdo que puede ser doloroso o consolador, sino a aquél en que se patentiza su ausencia definitiva. Es hacer nuestra la existencia de un vacío.

Epígrafe escrito por Carlos Piera en el libro *Los girasoles ciegos* de Eduardo Méndez.

Este proyecto busca distanciarse de la familiaridad con la que la gente se acerca al mundo del arte; abrazar una obra que no ofrece pistas excesivas ni subterfugios intelectuales, sino que se basa simplemente en el peso del aire que sostiene, que balancea, que hace vibrar; aquello que viene dado: la herencia, la memoria. La levitación de la ausencia se convierte en el centro de esta propuesta, que pone en suspenso lo que queda invisible, el vacío que todavía pesa. Esta ausencia definitiva se manifiesta en la forma de un volumen evanescente que evidencia el rastro de una existencia borrada, un vacío lleno de memoria y dolor.

El proyecto es inédito, ya que estoy con el proceso de patronear todas las fosas abiertas hasta el momento, y se trata de elaborar, con plásticos de invernadero, los volúmenes de los vaciados que quedan en una de los cientos de fosas del cementerio de Paterna (València). Este cementerio, donde se calcula que fueron fusiladas (asesinadas) y enterradas alrededor de 2500 personas, ofrece fosas desde 5 a 7 metros de profundidad, donde más de 150 cuerpos se encuentran apilados y separados por cal viva. Para este proyecto, dispongo de los datos técnicos de los arqueólogos que han exhumado estas fosas y han compartido conmigo las dimensiones, la profundidad y otros detalles.

Utilizar este dispositivo aerostático en el espacio público desde la lentitud de los materiales empleados y levantar este vacío; volumen agotado y ahora constituido como símbolo híbrido de violencia que pretende ocupar totalmente el espacio y caer de una manera antinatural como estrategia para sobrevivir a la herencia de un vaciado, de un agujero, de una fosa, poniendo de manifiesto la necesidad de abarcar la complejidad de lo ausente. La levitación se presenta como una forma de desafiar la pesadez del pasado, de hacer tangible la ausencia y, al mismo tiempo, de exhibir la fragilidad de un vacío que no puede llenarse. Porque sin tiempo es imposible asumir que nos está afectando.

El recuerdo y el olvido mantienen una relación recíproca en este proyecto. No todo se puede recordar, por eso hace falta «velarlo». Tanto en el ámbito individual como en el colectivo, es necesario un tiempo y un espacio que diferencian los momentos para narrar lo vivido.

La producción de estas piezas no es solo una expresión artística, sino una respuesta necesaria ante el terrible y doloroso hecho, a pesar de que también quiere alejarse de la posición de víctima pasiva y señalar la pérdida de significado como vocación inherente de todo monumento. Esto permite reflexionar sobre el significado y la pertinencia de este tipo de memoriales y proponer otras formas de recordar colectivamente en el espacio público.

Uno de los objetivos de este proyecto es alejarse de la revictimización de los procesos que rodean al recuerdo y la memoria de aquel tiempo, sus relatos y sus historias. Estos espacios todavía son objeto de disputa, y se busca explorar el lenguaje simbólico que la cultura utiliza para construir colectivamente la memoria y la desmemoria.

Después de más de ochenta años, estos lugares todavía mantienen una presencia poderosa y nos recuerdan la frágil relación entre el hecho y su historia, así como la construcción mediática de la memoria y el olvido. Esta propuesta pretende mostrar un registro de la prospección como testigo del pasado olvidado, y a la vez provocar una reflexión sobre el significado de devolver estos testigos frágiles, pero monumentales, al espacio público, a la vida en común.

María García Sánchez
***Retrato institucional*, 2024**
8 paneles de 200 × 100 cm que incluyen 200 reproducciones xerográficas en formato A4
Dimensiones variables

Campus de Blasco Ibáñez. Vestíbulo de la Facultat de Filosofia i Ciències de l'Educació

El archivo es selectivo, no comprehensivo. Está preseleccionado de manera que refleja lo que cada cultura considera que es valioso almacenar y recordar, inclinando el registro histórico —y en realidad la escritura de la historia— hacia los privilegiados, los poderosos, lo político, lo militar y lo religioso.
Según el archivo, grandes áreas de la vida social y un enorme número de personas prácticamente no existen.
El archivo está sobre determinado por hechos de clase, raza, género, sexualidad y por encima de todo por el poder.

Griselda Pollock

Es precisamente este poder del que habla Pollock el eje sobre el que se jerarquiza la obra *Retrato institucional*, una pieza que nace con carácter instalativo para quedar finalmente recogida en formato libro. Mi trabajo parte de este análisis de los retratos albergados en el Arxiu de la Universitat de València, que nos interpela y nos conduce a reflexionar sobre su representatividad, origen y función. Si el archivo es, por definición un «asunto de discriminación y selección» (Achille Mbembé), nuestra producción hace evidente esa discriminación presentándolo a través de una selección de fragmentos, un cúmulo de discontinuidades que nos permiten profundizar en la narrativa del poder y en la escenografía que permite su codificación. Mientras que los archivos institucionales nacen del control, de una «buscada objetividad científica que sirviera de base para la expansión política imperialista del siglo XIX y sus respectivos imaginarios ideológicos» (Sergio Martín), el arte de archivo cuestiona y debate sobre los usos de estos. Así pues, la instalación presentada revela una marcada ausencia femenina como figura de autoridad a lo largo de la historia de la Universitat de València, al tiempo que hace patente el lugar de la religión, que se yergue como piedra angular. Cristos, crucifijos, hábitos, medallas y retratos masculinos de tres cuartos, protagonizan este análisis, y evidencian que es precisamente desde esta revelación de las discontinuidades, desde la existencia de registros «microscópicos» (lo individual de cada sujeto) desde donde se puede testimoniar la presencia de unos registros «macroscópicos» (Anna Maria Guasch), de rasgos colectivos que conforman este retrato institucional. Un retrato del poder en la institución universitaria que concluye con un estudio del color de los más de doscientos retratos y orlas estudiados. Este análisis es la prueba fehaciente de que la inteligencia artificial ha venido a abrir nuevas heridas en la creación artística. La posibilidad de generación de imágenes a través de la IA, sitúa de nuevo en jaque las bases del archivo.

Artistas como Fontcuberta se sirven de esta grieta para producir obras como *Florilegium* (2024), donde se escenifica una propuesta en la que imágenes y fotografías reales de plantas se exponen al lado de otras generadas con IA, haciendo casi imposible, en términos plásticos, distinguir las plantas reales de las creadas digitalmente. En este sentido, en nuestro trabajo hallamos otro ejemplo del uso de la tecnología en la creación artística: mientras que la selección de discontinuidades se realizó de manera manual, los temas de color de cada uno de los retratos se realizaron en base a un programa informático que decidió, en parámetros de *software*, cuáles eran los colores predominantes en cada fotografía o pintura. Consecuentemente, esta obra no solo es una muestra de cómo se retrata el poder en la institución sino que, tanto la misma apropiación de los retratos del Arxiu de la Unviersitat de València como el uso de la inteligencia artificial en el proceso creativo, favorecen una revisitación de este archivo en términos contemporáneos. Esto permite establecer nuevos diálogos en base a interrogantes como ¿qué cometido tenemos como creadores? ¿Dónde queda el quehacer del fotógrafo? ¿Cómo han transmutado los vínculos entre el arte y el archivo

Collaborative Art as a Nurturing, Socially Transformative Ethic
Oskia Ugarte

Art, when understood as a deep-seated human expression, has historically been limited to the output of the creative genius, that exceptional being, isolated in his or her individuality, who alone can produce a transcendent masterpiece. However, this individualistic view of art neglects the multiple collective layers that run through it, that not only shape art, but also transform it. It is in the collective that we find the real potential for resistance, for questioning the hierarchies that art has perpetuated for centuries. Here, collaboration is not simply a methodology; it is a way of understanding the world that opposes the structures on which the power and the logic of the market are built, which have always tried to reduce creation to individual ownership and exclusive possession.

Right from the earliest artistic expressions, the collective nature of art has been a constant. In pre-Columbian cultures, such as the Mesoamerican civilisations, art was a practice deeply embedded within the community, it was not simply a means of aesthetic expression, but a rite that articulated collective life and a shared worldview. The images adorning the temples, the murals, sculptures and ceremonies were part of a common creation that was not understood as the work of a single artist, but as the result of a plural, diversified and situated participation. This type of art was rooted in the temporal and spacial setting of the community, an art that was conceived and practised as a common experience.

In the Renaissance, despite the exaltation of individual genius, artists' studios functioned as spaces for sharing creative efforts, as places where ideas, knowledge and crafts were exchanged, thus establishing a network of relationships. However, the power dynamics in these workshops were not dissolved, but rather crystallised in the system of masters and apprentices. Nevertheless, even within this structure, art was still, in a way, a collective process. The transmission of knowledge and worldviews, although mediated through hierarchies, developed through constant exchange, and it is in this process that we can trace the first experiences of shared creation.

It was in the 19th and 20th centuries that the collective became charged with political and revolutionary significance. Movements such as Dadaism, by collectively constructing performances and visual poetry, challenged not only the traditional forms of art, but the very ways of conceiving the individual and the collective. Art ceased to be an object for contemplation and became a communitarian practice. The *exquisite corpse* method, created by the surrealists, was a technique that allowed several artists to work on the same piece without knowing the previous contributions, which generated a creative chaos that, far from subtracting from the sense of the collective, multiplied it.

At the end of the 20th century, movements such as the Fluxus community reclaimed the collective as an act of political and cultural resistance. Collaboration became part of the struggle against the power structures that governed not only art, but also life itself. Collective creation was not only a way of making art, but a way of constructing new types of relationship, new ways of inhabiting the world, which were more horizontal, more democratic. Collaboration, thus, opened up the possibility of imagining and creating something that was not just a work of art, but a new space, a common space, in which art was thought of as an act of sharing, of creating together, of conceiving and feeling the world through an us.

Feminism has been key in redefining collaboration in art, not only as a strategy, but as a radical act of subversion in the face of the power structures that have traditionally determined who has the right to create and who is recognised in the process. Authorship, a concept overloaded with history, has been profoundly questioned by feminist critics, especially in the field of art, which has historically been dominated by a male vision of the creator, whose work is not only considered a product of his genius, but an exclusive manifestation of his power. This conception, which has silenced and delegitimised the voices of women and other identities, is being challenged by collaborative art, which emerges as a critical response to this concentration of power in the hands of a few, by proposing a way of redistributing both power and recognition.

But collaboration is not just a methodology; it is an ethic that values inclusion, reciprocity and nurturing. Feminist thinkers such as Mariluz Esteban and Donna Haraway have stressed that collaborative practices open up the possibility of rethinking human connections, of recognising the other not as a competitor or subordinate, but as a fundamental agent within the creative process. Esteban, in particular, calls for art to be conceived not as an isolated act of solitary genius, but as an interdependent process that is constructed in relation to others. Interdependence is a form of nurturing, not only in the sense of caring for others, but in the sense of cultivating the relationships and processes that make creation possible. Collaborative creation is, thus, not only an aesthetic strategy, but an opportunity to transform social structures, to build new modes of coexistence through art.

This collaborative approach not only touches the world of art; it has the potential to have an impact on the social and political worlds. When the creative process becomes collective, not only the work itself is transformed, but also the very way we relate to each other shifts; the way we think about community, the way we think about social interaction. Through collaborative practices, experiences that have historically been ignored can be made visible: those of women, racialised communities, indigenous people, migrants, LGBTQ+ collectives, whose identities have been relegated to the margins of official art. This process of shifting the focus is not limited to giving them a voice, but to recognising their knowledge and their ways of creating, thus challenging the homogenisation imposed by the dominant narratives.

A paradigmatic example of this practice is Judy Chicago's *The Dinner Party,* a monumental installation celebrating the historical women who have been rendered invisible. This work, which was born out of a collaborative process involving hundreds of people, from ceramists to embroiderers, not only challenged the established hierarchies in art, but also made visible techniques that were traditionally associated with the domestic and the 'feminine', which had been relegated to the realm of the secondary. The work itself, which is laden with symbolism, transformed the history of art and opened up a new understanding of women's contributions to cultural heritage. This collaboration is, therefore, not only an artistic act, but also an act of resistance, a radical questioning of the gender structures that have dominated artistic representation.

On the other hand, the actions and works created by the Guerrilla Girls collective offer a direct intervention in institutional art that challenges structural injustice and the lack of female representation in artistic spaces. Their art serves as a political tool of resistance, revealing the inequalities that have been naturalised by the power structures in the art world. Collaboration, united to the feminist cause, not only disrupts the dominant narratives, it also completely reconfigures them.

In this reconfiguration, the concept of 'situated knowledges', proposed by Donna Haraway, plays a crucial role. This approach, which recognises that knowledge is always situated in a particular context, posits that art is not just the result of an individual mind, but a creation that emerges from interactions and shared experiences. In community art projects, knowledge is neither abstract nor universal; it is rooted in the specific contexts of the participants, in their histories, their struggles, their landscapes. The interdependence that is constructed in these processes blurs the notion of patriarchal and codified authorship, and opens a path towards a more inclusive conception of art.

Taking Spain as an example, collaborative practices have also played a key role in political and social action, especially after the end of Franco's dictatorship, when power structures began to open up. Collaborative dynamics were incorporated into art as a response to the country's social and political tensions, serving as a vehicle for participation and the deconstruction of hierarchies.

This embrace of the collaborative has become consolidated over time, and in recent decades has given rise to projects such as *La Ciutat Invisible* in Barcelona, a clear example of participatory art that challenges the traditional view of art as an elitist space. In this project, the city's inhabitants are not mere spectators, but co-creators of the work. This type of practice reconfigures the role of people as a passive audience, not only in art, but also in society itself, and offers new possibilities for understanding and inhabiting our collective experience, from a more inclusive and transformative perspective.

In Spain, many collectives and autonomous spaces have emerged as hubs in an artistic praxis that dissociates itself from the traditional circles of galleries and museums to generate projects that not only question the structures that abound in the art world, but also their role in society. These groups operate on the margins of these traditional institutions and are characterised by a horizontal organisation that challenges the figure of the lone auteur, the artistic director, and instead offer a democratic structure in which every voice has a place. Art is, thus, not only an aesthetic practice, but also a political exercise that reconfigures the power relations that run through its institutions.

At the end of the 20th century, collaborative work and participatory dynamics began to gain increasing prominence with the rise of collectives including Zemos98 and La Comunidad, (a collective to which Noé Bermejo, a participant in this 27th Public Art / Public University Exhibition, belongs). Zemos98 specialised in cultural mediation as a tool for fostering public participation, while La Comunidad focused on involving people in collective artistic processes that facilitate the exchange of experiences. Through their practices, both collectives reaffirm the shared construction of knowledge and culture, a process that blurs the boundaries between art, activism and social intervention.

This phenomenon is part of a broader process towards the de-institutionalisation of culture, which challenges the monopoly of the mainstream art institutions and their claim to legitimise what is and what is not art. The traditional cultural institutions respond to their own, sometimes exclusivist, interests, shattering the possibility of a collective creation that, in its deepest sense, belongs to everyone. In the face of this concentration of power, collaborative art has found refuge in self-managed spaces such as La Invisible in Malaga, La Zurda in Pamplona as well as Bulegoa Z/B in Bilbao. These centres, far from being mere alternatives to the traditional institutions, are acts of resistance themselves, spaces that decentralise artistic production, construct new cultural cartographies and enable a more open participation, free from the conditioning factors of the market and institutional legitimacy.

Community art is also playing a crucial role in this transformative process. It is an art that transcends individual creation to reach out to communities, empowering them to construct their own narratives. These projects arise from migrant groups, people with disabilities or LGBTQ+ groups, demonstrating the power of art as a spotlight that can illuminate the structures at the root of exclusion and marginalisation, and how it can act as a vehicle for transforming social realities. Art, in these contexts, is no longer just an object for contemplation, it is a force for social change.

The digital revolution has accelerated this process of de-institutionalisation, facilitating collective creation transcending physical barriers. The worldwide web, that space where borders dissolve and distances shorten, has democratised artistic production. The internet and social media allow collectives like *Morfosis* to experiment with interactive art and mass participation in real time. This blurs authorship and paves the way for new forms of shared creation, while at the same time questioning the way in which art is circulated and distributed in the contemporary world.

This process towards the de-institutionalisation of art is deeply linked to a broader struggle for the defence of cultural rights. Nicolás Barbieri stresses that it is essential to ensure that everyone has the right to make their own decisions, produce and actively participate in culture. The collaborative projects emerging at the margins of institutions and society allow historically excluded communities, including indigenous peoples, LGBTQ+ collectives and women's groups, to use art to reclaim their rights, make their struggles visible and transform their realities. Here, art becomes a space for resistance, a means through which communities can rewrite their history and construct a new reality, free from the oppressive structures that have subjugated them.

In conclusion, collaborative art has established itself as a practice that goes beyond a methodology, to emerge as an ethic based on nurturing and solidarity. Working collectively, at its core, not only involves cooperative knowledge, but also builds affective bonds that transform power dynamics.

The de-institutionalisation of art and the proliferation of autonomous spaces have allowed art to detach itself from the logic of the market and institutions to become open to a more inclusive and democratic practice. In times of need, such as those arising when facing adversity, collaborative practices become a space where solidarity is not only seen in gestures, but is also manifested in the creative process itself, opening up new possibilities for rethinking coexistence and social relations.

Collaboration is, thus, not only a way of making art, but also a way of living. It questions ownership, authorship and hierarchies, and creates a common space where affection, cooperation and social transformation are intertwined. Collaborative art invites us to rethink the future, to imagine new, more horizontal, more inclusive, more humane relationships.

The Audience in Public Art. Social Participation and Action Through Art

María Paula Santiago Martín de Madrid

Numerous authors and artists have explored the intersection between art and the public sphere, highlighting the capacity of art to provoke social debate and influence the thinking and actions of its audience, understood as a non-passive collective. It can thus be affirmed that public art has become an important tool in terms of social commitment, acting as a catalyst for change and reflection in society. An art that seeks both to influence society and to encourage citizen engagement, reflection and debate. It is a model that takes on importance through discourse and confrontation, reworking the very idea of the audience and configuring itself as a counter-discourse.

Throughout the 20th century we can observe a historical trajectory towards inviting the audience to participate in artistic offerings. Involving the spectator has been a constant in Situationist practices, happenings, performances, social sculpture or participatory projects that acquired great prominence at the end of the 20th century and the beginning of the 21st century with increasingly interdisciplinary installations.

Michel North pointed out in 1992 that art becomes public when it takes the spatial experience of its audience as its subject. Similarly, Rosalyn Deutsche argued in 1996 that public art is itself a space where we assume political identities.

Early this century, authors such as Félix Duque have addressed this issue from a more overt perspective. Thus, in *Public Art and Political Space* (2001)[1], he concludes that it is not an art for the people or of the people, but an art that takes the audience itself as its object of study, while at the same time aiming to elevate the audience to becoming a conscious and responsible agent, not only for its own acts, but also for the acts committed by others against others. Duque adds that public art does not configure a new and fairer political space, but rather challenges all political space.

As early as the 1970s, John Berger pointed out in his essay *Ways of Seeing* (1972) that art not only reflects reality, but also constructs and questions it. The author argues that artistic images have the power to transform perception and thus consciousness, pointing out that more than being a passive act, seeing is a process of encoding, decoding and interpretation involving meanings derived from our experience, culture and value system. Berger demands that we, as an audience, consider the political and social implications

1. To consult the bibliography, see the spanish version of the text on page 166.

that underlie what we are looking at. For him, art is a tool for understanding and reflecting on the world, and he considers the act of seeing to be political, as it affects the way we perceive and understand reality. While images can be used to control and manipulate, they also have the power to liberate and empower.

For his part, in *Aesthetic Theory* (1970), Theodor Adorno argues that art has an essential role in the struggle against social injustice, as it is a form of silent protest that defies established norms and opens up spaces for criticism and reflection. For Adorno, this cannot be something that is purely formal, that comes from subjective intuitive functions.

Over the last few years, different disciplines and approaches have explored in depth this capacity that art has for going beyond mere aesthetic expression, by analysing its capacity for resistance, education and mobilisation. We can state that public and participatory art, socially engaged art, is a fundamental dimension of cultural criticism to which authors such as Lucy Lippard, Suzanne Lacy, Hal Foster, Claire Bishop and Grant H. Kester, among many others, have contributed, helping to facilitate the understanding of how it can influence society by promoting structural change.

The sociologist Lucy R. Lippard has repeatedly examined the role of the artist. At an event held in 2018 at the Museo Reina Sofía,

Lippard, who is also an art critic and activist, gave a lecture in which she raised numerous questions about what we want to say when we undertake an artistic project. She questions the extent to which artistic creation can act on consciences and produce an impact on the audience that allows for reflection, raising questions regarding the political role of art and its capacity to transform itself into a form of social intervention.

Lippard, in asserting that the art of social engagement is a crucial tool for challenging power structures and advocating for change, also asks what we value more -individual success or a collective social victory? Furthermore, in the essay *Get the Message? A Decade of Art for Social Change* (1984), Lippard argues that art has the capacity to make the invisible visible, to expose issues that would otherwise be ignored. This allows her to stress that art can help to shake consciences by constituting and becoming an important means of inciting social action.

Similarly, Suzanne Lacy, in her role as an artist, in *Mapping the Terrain: New Genre Public Art* (1995), highlights how public art can be used to address social problems and raise awareness. Lacy emphasises that art can be a means of engaging the community in solving its problems, fostering a sense of community responsibility and action. She emphasises the importance of participation and collaboration with the audience, the origin of the so-called new genre of public art. This is not a category based on a categorisation of materials or media, but is rather based on the participation and reception of the work by the audience, as well as on political will. Here, the artist positions herself as an activist with the sole interest of empowering change and stimulating the awareness of the communities involved in the projects.

Lacy analyses the different positions of the artist based on the involvement of the audience and establishes a differentiation between the experimental artist and the informer or the analytical artist and the activist, the latter being capable of creating consensus. For Lacy, cultural activist practices are essentially collaborative, a collaboration that becomes public participation when artists succeed in including the community or the audience in the process.

On the other hand, one of the most striking aspects of art in relation to collective participation and the recovery of memory is its capacity to preserve and transmit historical events that might otherwise be forgotten or ignored. The art critic and historian Hal Foster points out in *The Return of the Real* (1996) that a large number of artists have used collaboration with communities to recover suppressed histories, thereby posing historical counter-memories. Public art can, thus, help to recover historical and social memory, offering a space for reflection and criticism. Foster highlights how, through different poetics and forms of expression, artists have captured significant events in history, documenting the experiences and struggles within communities while acting as a medium for the expression of dissent and resistance.

In addition, Claire Bishop in *Artificial Hells: Participatory Art and the Politics of Spectatorship* (2012) analyses the dynamics of participatory art and its potential to create significant social impact, underlining that participatory art can be a means for social intervention. However, with respect to Bishop's contributions, it is worth noting her approach to what she calls 'relational antagonism'. The author considers who the audience really is, how culture is made and for whom it is made, and attaches great importance not only to the production, but also to the reception and context of the artistic work. Bishop offers an analysis of how contemporary art addresses the viewer and how the quality of the relationships it produces among its audiences can be assessed.

In this context, it is also worth recalling Grant H. Kester, who has explored the concept of so-called 'dialogical art', a term he coined, and who attaches great importance to dialogue in the arts. In *Conversation Pieces: Community and Communication in Modern Art* (2004), Kester examines how participatory and collaborative art can generate dialogues that promote understanding and social action. According to Kester, these artistic approaches not only engage the community, but also empower them to address social and political issues.

In conclusion, public and participatory art has emerged as one of the most dynamic forms of contemporary artistic expression, challenging traditional notions of what art can be and for whom it is intended. Unlike other models, public art seeks to activate common spaces, to integrate itself into everyday life and to establish a direct dialogue with the community. It is here that audience participation becomes a fundamental component of the artistic process, transforming passive viewers into active collaborators.

In turn, we can affirm that it has the potential to democratise art, taking it beyond the cultural elites and bringing it within the reach of the general public, as it invites social reflection, interaction and community participation. It also fosters a sense of belonging and social cohesion by becoming a vehicle for addressing issues such as social justice, sustainability and collective identity, among many others. Finally, by involving the audience in its creation and reception, public art questions the barriers between the artist and the viewer, challenging the idea of art as an object to be passively consumed.

Vicente Aguado
The Black Obsidian Mirror, 2024
Semi-opaque adhesive vinyl on mirror
60 × 40 cm each

Burjassot Campus. Toilets of the Eduard Boscà Science Library

Everyone has a mirror in which they look at themselves in the morning. It reflects and they see what they look like. Everyone now also has a phone with a screen that reflects not what they are, but what they would like to be.

With this installation, which I have entitled *The Black Obsidian Mirror*, I invite you to reflect on the act of looking in the mirror. In a private and clearly differentiated space, a public toilet, it is possible to conjure up ideas about the construction of personal image: how we see ourselves, how we perceive ourselves and how we want to be perceived in the era of digital hyperconnectivity, where everyone suffers a certain detachment from physical reality as a result of constant overexposure to social media.

The metaphor of a black mirror evokes the screen of a mobile phone, where we also reflect ourselves all the time and where we construct different realities that often cause social problems and mental health crises. The allusion to obsidian stone, which in its natural state is black in colour and is one of the most difficult minerals to cut and break, points directly to the traditional obsidian mirror used in ancient times as a portal or gateway to the preternatural, the spirit world and other magical dimensions.

Indeed, social media often act as a magical portal to other realities, where many people live the life they would really like to have or show themselves as they really want to show themselves. Our personal black obsidian mirror is, then, the mobile device we carry in our pocket almost permanently.

The idea of this installation is to provoke reflection after looking at ourselves in a mirror that returns an image of us that is obscured, distorted, different from how we believe ourselves to be. The act of looking into a mirror, which directly challenges our mechanisms of self-acceptance, perhaps activates certain mechanisms in the depths of our psyche. The mirror as the screen of a digital device which, by appearing blacked out, acts as a bridge between the tangible and the intangible.

Amaya Suberviola
Adopting and Adapting, 2024
Screen-printed water-based paint on grass, various sizes

Burjassot Campus. Eduard Boscà
Library garden

The title *Adopting and Adapting* refers to a subject that takes on a form that is not of its nature, and a form that moulds itself to the subject, taking into account its corporeality and its rules.

Generally, in my work, I focus on the particular characteristics of the images and their containers, which are typical of my generation, in order to propose a translation into painting. In order to translate them into a pictorial language, I have so far studied features that relate to media such as digital device screens or advertising containers. This has allowed me to create works from their characteristics and to delve deeper, for example, into the superimposition of motifs, the lack of information or serialised reproduction.

In a context in which we coexist with a multitude of support media created to accommodate and display images, I asked myself how media that have not been designed to contain them would affect images, and how to make the impact a medium can have on an image into a piece's central element. This project, which is part of the University of Valencia Public Art Exhibition, develops a response to these questions, using natural grass as a support medium, with a screen-printed image acting as a pattern as the form. The work seeks to point out the relationship between container and content, the organic coexistence between two subjects born under different guidelines, what happens in the communion between adopting and adapting.

It is a silk-screen printing intervention on grass measuring 320 × 240 cm, containing 48 prints made with vegetable paint, the same as used for the lines on football pitches. During the 4 days we were working on the installation, it was exciting to see how every day the image changed when the grass was disturbed, watered, grew or was stepped on. In the studio, it is usually the painter who is responsible for the outcome of the painting through his or her actions, and I find it highly appealing to see how authorship can be delegated to the medium.

Marco Ranieri
***Everything That Grows*, 2024**
Community artistic herbarium
Metal, reeds, video, botanical print and cyanotype on organic cotton fabric

Burjassot Campus. Eduard Boscà Science Library garden
Working group: students and lecturers from the faculties of Teacher Training, Geography and History and Environmental Sciences

There is a sentence in the book *El disputado voto del señor Cayo*, by Miguel Delibes, which says: "What will happen here the day when (...) not a single person is found who knows what elderflowers can be used for?"

This project aims to ensure that we never get to the point of answering this question.

Everything That Grows is a community-based, itinerant, artistic-botanical research project designed to take place in small rural villages and in cities that have received, or continue to receive, a strong migratory flow from villages and rural areas. Access to higher and university education remains one of the main reasons for rural-urban migration. Thus, on the occasion of the 27th Public Art

Exhibition, the project proposed an edition of the project involving questioning the university community at the University of Valencia.

This research was carried out with teachers and students from the faculties of Teacher Training, Geography and History and Environmental Sciences, with whom we reflected on local, domestic and family vegetation and local, traditional and subordinate knowledge. At the same time, the emotional and sentimental relationships that we establish with the plants with which we cohabit was also investigated.

Through a series of meetings, dynamics and participatory processes, artistic-botanical resources have been generated to represent the rural knowledge that contributes to the transmission and re-contextualisation of botanical knowledge: a catalogue and a plant nursery, representative of the companion plants linked to the participants; and a participatory herbarium made using ecoprint techniques in the case of those plants that also have some dyeing properties, and cyanotypes in the case of plants that do not have these properties and/or may have some degree of toxicity.

The results were exhibited during the 27th Public Art Exhibition, creating an installation in the Science Library garden consisting of a walk-through greenhouse, which housed the nursery, and a structure made of reeds on which the herbarium was displayed.

Fernando Martínez
The Length of a Day, 2024
July 14th, 2024
September 23rd, 2024
Two Cyanotypes on 285 g Fabriano Rosaspina paper. 100 × 70 cm
Wooden box on trestles, 2024
26 × 106 × 77 cm

Burjassot Campus. Physics Faculty, ground floor, block C

Watching the clouds pass by, seeing how the colours of the sky change on the horizon at sunrise or sunset. Being aware of these subtle changes in the landscape brings today's fast-paced, hyper-stimulated reality to a halt. It was not so long ago that the pandemic forced us to stop, to slow down and experience time differently. Some people describe it as a period of anguish when the days passed slowly. Others, however, felt liberated for the first time and consciously embraced the passing days. It is curious how subjective perception sometimes contrasts with physical time.

The Length of a Day is a project that explores the idea of capturing the passage of time from an artistic point of view, recording the movement of the Sun across the celestial vault over the course of the day. By means of a wooden box that acts as a camera obscura, sunlight penetrates through an oculus and falls on paper emulsified with photosensitive iron salts, capturing the transit of the Sun in a single day. At dusk, and after developing the cyanotype, the line 'drawn' by the Sun is revealed, with a curvature that alters depending on the altitude of the Sun and the season of the year, or different gradations of colour appear depending on the time of the day. And if clouds are present that occasionally obscure the light, this is translated into discontinuities in the line. These traces of the passage of time are translated into an abstract language that alludes to painting as a medium and a new way of perceiving it. The Physics Faculty's Department of Astronomy and Astrophysics collaborated in this project by lending the rooftop next to the telescopes of the Astronomy Classroom to carry out one of the interventions, adding a symbolic value to the work.

The installation presented consists of the wooden box, photographs documenting the artistic interventions and two cyanotypes made during the summer solstice and the autumn equinox, inviting us to reconquer our individual attention spans and awareness of our internal time in order to slow down the frenetic rhythms we have accepted as our own.

Col·lectiu FORAT
(Marta Negre and Andreu Signes)
***RFR/RFXº*, 2024**
One hundred crystal-clear acrylic spheres
8 cm in diameter with double mirror
Central fountain
Digital video capsule, HD sheet, colour, sound

Burjassot. Campus. Physics Faculty,
block D, first floor

We are remembering, here, the Greek myth of the young Narcissus, who, approaching a stream to admire his face reflected in the water, was instantly captivated by his own reflection and, lost in thought, fell to the bottom of the pool without ever being able to leave again.

This site-specific *RFR/RFXº* (*Refraction/Reflection superindex sphere*) installation invites us to observe, in front of the fountain located next to the Burjassot campus Physics Faculty, some optical phenomena related to refraction and reflection by means of a hundred or so acrylic spheres dispersed in flotation. The piece is activated and articulated in a variable way depending on the weather and lighting conditions that affect the campus on a daily basis, as well as on the interaction with the students themselves.

RFR/RFXº reflects on our lost interest in observing the physical, natural and organic world due to the dazzling glare of the light given off by our screens and hyperconnected mobile devices. An irreversibly digitalised society drifting towards a worrying state of loneliness and narcissism, according to some of today's leading thinkers.

The piece is complemented by a video-creation that can be viewed via a QR code and on a video screen located in the Physics Faculty itself. This visual piece on the meaning of 'refracted' contemporary societies is articulated through real images of bubbles recorded from a different perspective, from underwater, with different lighting effects. It conceptualises some issues related to contemporary identity and its dependence on digital display and representation.

The video ends, metaphorically, with sequentially superimposed images of different pictures of the myth of Narcissus, diluted over an aquatic background.

The transcript reads:

Dispositius hiper ubics d'un món digital
per la suma de les seues interfícies.
Múltiples pantalles activades per
representar auto-identitats.
Temps biològic transformat en temps
algorítmic transformat en temps
cronoscòpic.
Momenta, còpies virtuals en un
continuum ritual d'exhibició.
Videoesfera exponencial.
Societats refractades.

Edu Comelles
Buckets or Why it is Easier to Imagine the End of the World than the End of Capitalism, 2024
Recycled cardboard buckets, loudspeakers and field recordings
Various dimensions

Burjassot Campus. Interfaculty classroom. Pharmacy Faculty. Entrance hall, ground floor

Buckets is based on the everyday practice of placing buckets in strategic places in the buildings we live in to catch drips. This common, impromptu and makeshift practice becomes a metaphor for the failure of architecture in the face of nature, and the water that enters our homes in times of extreme weather.

This sound installation presents several intersecting ideas as a reflection on the current state of environmental collapse in which our lives are immersed. It is also a metaphor for the obvious cracks in the system and how we often forget the reality that is upon us.

Buckets addresses the ideas set out by Fredric Jameson (Cleveland, 1934) in the quotation that subtitles this work, and all that this reflection conceals. At the same time, the work draws on the system designed by the character played by Brendan Gleeson in the film *28 Days Later* (Boyle, 2002), where he creates an installation on the roof of his post-apocalyptic shelter to collect rainwater. That said, the work draws links to popular expressions such as "letting on water", in relation to an unsustainable situation that is in the process of sinking.

This sound installation is, in short, a symbolic device that addresses different reflections arising from the metaphor of leaks: climate change, sustainability, collapse, through aspects such as the absence of water via the sound register and its conceptual connotations, or the metatextuality of the references to the post-apocalyptic audiovisual imaginary, as well as the deliberate use of delicate and recycled materials.

The aesthetic formalisation of the piece starts from the symbolic image of the bucket used to contain leaks and reconstructs this iconic image using recycled cardboard, an everyday material that, through its processing, becomes a container for sound. The autonomous set of loudspeakers deploys a hyper-realistic soundscape that seeks to trigger the imagination of the viewer and listener, inviting them to suspend credulity and assume this construct as an acoustic recreation of a soundscape known and recognised by all.

Alba Mayol
***Anemone*, 2024**
Reproduction of pencil drawing on paper, on PVC canvas with latex printing
112 × 200 cm

Blasco Ibáñez Campus. Main entrance to the faculties of Physical Activity and Sport Sciences and Physiotherapy

In her latest article published in L'international, decolonial theorist Françoise Vergès proposes considering Palestine as a lens through which to examine the processes of decolonisation in Western institutions. Her starting point is to frame the so-called liberal democracies as systems that are inherently tainted by violence, by land-grabbing and the looting of artefacts that are kept in the museums of the West.

By carrying out an ideological deconstruction of the discourse from which the art system drinks, it is possible to see how we approach the concept of legacy, how we construct a vision of ourselves and others, from the culture/nature dichotomy, on which we base the principles of civilisation and modernity, as Bruno Latour puts it. Vergès picks up on this and points out that the indigenous, anti-racist and transfeminist movements are already contemplating a present and a future for human and non-human species, as their legacies have long since called into question the human/non-human separation.

Our subjectivity within the cultural, political and economic system we occupy cannot ignore the fact that we are part of a vulnerable and interdependent whole. The current situation in Palestine offers a one-off opportunity to consider our role in cultural institutions as one of political significance that can take shape in what Vergès calls pragmatic utopias.

The non-human species *Anemone coronaria* lives and thrives in the Palestinian lands and is the symbol of this community. It can also be found in other areas of the Mediterranean region, including our own. In the words of Palestinian poet Mahmoud Darwish:

> flower that transforms an inner landscape, grey ashes within you are stirred by the beating of the green bird's wings, and you go out to meet it and it enters you as night embraces day, as the visible meets the invisible

A display of vulnerability can be an affirmation of common strength moving in the direction of pragmatic utopias, towards a critical re-reading that dismantles the structures of oppression and makes us participants in a new world rising from the ashes.

Noé Bermejo
***NO PUEDO MÁS* [I CAN'T TAKE ANY MORE], 2024**
Large format photography and tulle textile embroidered with lace and rhinestones

Blasco Ibáñez Campus. "Joan Lluís Vives" Psychology and Sport Library

The narrative is set in the first person from the artist's own perspective and circumstances. The installation consists of two elements that dialogue with each other, a textile piece and large-format photographs, and are in turn integrated into the space, both formally and symbolically.

Sewing is associated with the feminine, and belongs to the private sphere, to the domestic sphere. It is slow and painstaking, requiring stillness and patience. Normally, it is learned within the bosom of one's own family and passed from one generation to the next. In this case, the person sewing is a man who has not been taught by anyone, precisely because of his gender; this is also the reason why certain feelings and desires were subdued through pacts of silence, until the ability to recognise them was lost. And there are some things that are not talked about, let alone taught, if you are a man.

And this is how this tapestry began, as an apprenticeship; a quest full of mistakes, which are made and unpicked a thousand times, just as Penelope did. A task in which the time taken and the process is more important than the result itself.

A transparent veil embroidered with refined and delicate materials, designed to create heirlooms that are treasured, and which, far from having a practical use, are safeguarded as elements with a personal and ritual mythology, such as embroidered sheets, wedding trousseaux, bridal veils, table linen, baptismal robes and other elements of this type.

Tulle, lace, mother-of-pearl beading, pearls. Semi-precious stones born from ancient sediments and crystals. Bright, transparent, refracting rock crystal, reflecting an almost magical process charged with symbolism and narration. A veil sewn using a *weapon*, we must not forget that needles wound and suture, to raise a cry that is impossible to utter: "I CAN'T TAKE ANY MORE".

A veil alludes to something secret, hidden and intimate, related to forbidden knowledge and its revelation. In addition to being highly symbolic, it is above all an element that guards and protects those who are behind it, but also defends those who position themselves in front of it. For them, it is an impossible wall, present as a mist before their eyes.

In the installation, this element belonging to the realm of the intimate appears as a disruptive element in the middle of the space, soaring over the heads of all the library's users. Exposing one's vulnerability means being able to look through this veil.

To be vulnerable is to have the capacity to empathise, to let ourselves be affected by what is happening around us; it has to do with being sensitive, feeling emotions, recognising them and being moved by them. However, we have been brought up to understand that being vulnerable is a weakness.

The installation confronts two intergenerational models of coping with and mediating our emotions: the snowflake generation (also called the crystal generation in Spanish) / Generation X.

The context in which the piece is staged is conducive to the possibility of an intergenerational dialogue. The majority of the library users are around 23 years old, the so-called snowflake/crystal generation, a label that gives a name to the link these young people have with their emotions and mental health. This expression refers to the idea that the members of this generation are more sensitive and emotional than previous generations. But the metaphor of *crystal* not only refers to the fragility of the material, but also to its transparency and the ability to be able to say and express what they really feel while preserving their mental health.

The average age of active workers in Spanish society is 43 years old, the generation to which I belong and from which I am raising this discourse, they are the so-called Gen Xers, who are characterised by their strong sense of independence and autonomy, such that their professional life legitimises their personal life.

This leads to a questioning of roles, lessons learned and values, by assuming one's own vulnerability is the path to healing. We become aware of learning about, of understanding vulnerability as a tool for connecting with our own emotions, as an instrument facilitating bonding and mirroring.

This dialogue takes place in a space designed for silence and study where future psychologists come together, which leads to divergences and reflections that ultimately speak to the need for emotional education. It is also a dialogue between the future professionals in the field, who are continually accused of being weak, and the voice of a narrator who appears to be in emotional collapse when he should be a tower of strength, and a solid reflection of an active society.

Secondly, a public and advertising-related element is integrated into the architecture of the space, made up of the existing signage and visual elements in the library. Three photographs, three portraits on which are superimposed each of the words that form the phrase of the embroidered textile: *NO – PUEDO – MÁS*. The photos are separated from each other and urge an individual reading, emphasising their isolated meanings, outside the sentence.

In the photographs, the focal point is the word-jewel, while the person portrayed appears out of focus, *veiled*, and therefore relegated to the background. Each of the words is placed over the eyes, thus insisting on an elimination of identity by obliterating the gaze. Frontal portraits, of the artist himself: a 42-year-old, medium-sized male, that play with the register associated with fashion and advertising photography. Overly posed photos, generating an imprecise atmosphere, through posture, hands and clothing that are far from casual. Photos that are to some extent purely pose, construct with barely any description.

If we break up the text that has been embroidered and isolate the words NO - PUEDO - MÁS, the message is competently different and ambiguous. Although they appear to be positive and encouraging statements, they are not, or at least they are open to interrogation. These are words and concepts that have more to do with an advertising slogan, or the cover of a self-help book. Premises on which a whole generation has based its way of being in the world, launched from an imperative that forces on us imposed and unreal feelings.

NO

We must be assertive.
The NO must be strong, forceful and definitive. NO, we are not allowed to hesitate, to doubt, to be confused, and we must have a strong opinion and defend it, as if processing and understanding what to think is not enough.

PUEDO

We have forced ourselves / we have been forced to think that we can achieve what we want, that the important thing is to achieve our goals. You have to set goals and get to where you want to be, to think that you can. I CAN as a paradigm of identity and worth, always pushing ourselves to the limit. Pushing our capacities to the limit, including our own desire.

MÁS

We cannot ask MORE of anyone than they are capable of giving, nor can we expect others to be the way we want them to be. We do not all have the same capacities, nor the same tastes. We do not have the same aspirations, nor do we see life through the same prism. We do not feel the same way, but your feeling is just as legitimate as anyone else's.

What we all have in common is that we always want, desire, expect MORE.

The images generated are integrated into the hypertext of the university facilities, signage and displays, further diluting their identity and purpose.

Álvaro Porras Soriano
***Gallop of Pedestal Sands*, 2024**
Assembled demolition materials

Blasco Ibáñez Campus. Psychology and Speech Therapy Faculty garden

Cultural studies have long reflected on the political condition of landscape as a key element in the shaping of territories and the hegemonic normalisations that derive from this.

Along these lines, this study focuses on the modern landscape, defined by the expansion of instrumental rationality in the nineteenth century. In particular, the second half of this century saw the consolidation of a paradigmatic model of visualisation: the zenith model. This is evident in the pictorialist representation of the period, from the panoramas of Detaille and de Neuville, which expand visuality beyond the limit of the eye, to the disorientation of Turner's omniscient subject, which imitates the divine eye.

Along with the development of engineering and architecture, functionalist urban planning emerged, which, by means of planimetric cartography, shaped the modern city. European models were augmented by those of industrial colonialism, generating a scenario of construction and refurbishment that gave impetus to the great urban planning projects of the 19th century: the Haussmann plan in Paris, the Cerdá plan in Barcelona, the Paseo de la Reforma in Mexico and the Ensanche plans, such as the one in Valencia.

In the modern city, models and events emerge that constitute figures of thought. One of the most important of these is the replacement of heritage by hygienist or reformist expansions. In Valencia, this phenomenon can be seen in the destruction of sections of the city walls during the reign of Isabel II and in the grid development around Avenida Peris y Valero. However, it also affects the interiors of medieval spaces, as demonstrated by the destruction of the Mossen Sorell Palace.

This 15th-century flamboyant Gothic palace with Herrerian elements belonged to a Valencian noble family until the 1836 Ecclesiastical Confiscation undertaken by Mendizábal. At that time, the Sorell family lost several possessions and decided to sell or rent parts of the semi-abandoned palace. Over time, the building was used as a spinners' workshop, a lithography workshop and, finally, as a casino for the Workers' Athenaeum.

In 1878, a fire, apparently the result of arson, destroyed the palace. Its architectural elements and coffered ceilings were plundered by a Dutch antiquities dealer and distributed to international museums. The site, after the building was demolished, was acquired by real estate developers and sold to the municipality, facilitating the expansion of the Carmen neighbourhood.

This is one of the first documented examples of urban violence and real estate speculation in Valencia, a direct antecedent of current problems: socio-spatial fragmentation, the dissolution of communities, the privatisation of space and loss of heritage.

The piece presented in this project takes as a reference the layout of the Palace, reconstructed thanks to the work of architectural historians including Fernando Pingarrón and Federico Iborra. An exercise in formal and analytical abstraction is based on these reconstructions, leading to a new arrangement of the lost palace's architectural qualities.

The piece also incorporates a material arrangement that replicates historical processes, from its materiality to its formal definition. Following this methodology, the work has been shaped by assembling timbers obtained from demolished beams, recovered from other lost spaces.

Teresa Marín García
***Topology of a Tactic of Escape*, 2024**
3 Espasa-Calpe encyclopaedias, transport straps, iron rods and 525 printed pamphlets
285 cm x 78 cm ø

Blasco Ibáñez Campus. Entrance hall to the Geography and History Faculty

The *European-American Illustrated Universal Encyclopaedia* (1905-2011), known as the *Espasa-Calpe Enciclopedia*, is a symbol of the Spanish encyclopaedic movement dating from the 20th century, a legacy of the Enlightenment. Encyclopaedic knowledge, like academic knowledge, in its eagerness to summarise and disseminate all possible knowledge universally, becomes vertical knowledge, an instrument of power and hegemonic cultural domination, by establishing hierarchies and discriminating between types of knowledge. The *Espasa-Calpe Enciclopedia*, its approach and biases, is the fruit of its time. Like other encyclopaedias, it reflects the needs and attitudes of its historical moment and of those who contributed to it.

I have constructed a second encyclopaedic skin around a pillar in the foyer of the Geography and History Faculty as a metaphorical deconstruction of the strategies employed by the power behind knowledge. A paradoxical armour that generates critical spaces for escape where other knowledge nestles, or where existing knowledge is questioned, by means of pamphlets that combine texts and images not included in the encyclopaedia. The relationships between texts and images show the irreconcilable friction between two ways of acquiring knowledge. One does not reflect all possible descriptions; the other is not simply illustration, and opens up meanings, illuminating mechanisms for acquiring knowledge, which show the conflict between the universalising ambition versus an exacerbated interpretative sense and personal subjectivity, symptomatic of the present age.

I am encouraging a *tactic of escape* that invites the people who inhabit this space to participate by taking these pamphlets with disruptive messages to encourage them to reflect on: the need to contemplate critical, inclusive and respectful visions of plural knowledge and diversity; the importance of the barely visible or diminutive elements for the survival of ecosystems, and the dangers of a globalisation that devastates the local. They are all necessary aspects for the construction of historical narratives and a study of the humanities that aim to contribute to generating responsible, just and egalitarian societies that are attentive to the sustainability of life.

Rafael Tormo
IP33. The Existence of a Void;
Definitive Absence, 2024
Polyethylene and air. Heat sealed
Various dimensions

Blasco Ibáñez Campus. Geography and History Faculty, first floor foyer

Overcoming something requires coming to terms with it, not turning the page or forgetting it. In the case of a tragedy it requires, inescapably, a process of mourning, which is entirely independent of whether or not there is reconciliation or forgiveness. In Spain, mourning, which is, among other things, the public acknowledgement that something is a tragedy and, above all, that it is irreparable, has not yet occurred. On the contrary, the confusion between the fact that something is already part of history and the fact that it is not yet, and to a certain extent never will be, part of life and lifelessness, is repeatedly celebrated in the relative normality that has been acquired. Mourning is not even a matter of remembrance: it does not correspond to the moment when one remembers a dead person, a memory that can be painful or consoling, but to the moment when his or her definitive absence is made manifest. It is to acknowledge the existence of a void.

Epigraph written by Carlos Piera for the book *The Blind Sunflowers* by Eduardo Méndez.

This project seeks to move away from the familiarity with which people approach the art world, embracing a work that does not offer excessive clues or intellectual subterfuge, but is based simply on the weight of the air that sustains, that balances, that vibrates: that which is given: the inheritance, the memory. The levitation of absence becomes the centre of this piece, suspending the invisible, the emptiness that still has weight. This definitive absence manifests itself in the form of an evanescent volume that reveals the trace of an erased existence, an emptiness full of memory and pain.

The project is unprecedented, as I am in the process of patterning all the graves that have up to now been opened and it is a question of defining, with greenhouse plastics, the volumes of the emptyings that remain in one of the hundreds of graves in Paterna cemetery (Valencia). This cemetery, where an estimated 2,500 people were shot (murdered) and buried, contains graves up to 5 to 7 metres deep, where more than 150 bodies are piled up and separated by quicklime. For this project, I have the technical data from the archaeologists who have exhumed the bodies in these graves, who have shared with me the dimensions, depth and other details.

This aerostatic device is used in this public space based on the slowness of the materials to raise this void; an exhausted volume now constituted as a hybrid symbol of violence that aims to occupy the space completely and tumble unnaturally as a strategy to survive the legacy of an emptying, of a hole, of a pit, highlighting the need to embrace the complexity of absence. Levitation is presented as a way of challenging the heaviness of the past, of making absence tangible and, at the same time, of exhibiting the fragility of an emptiness that cannot be filled. Because without time it is impossible to assume that it is affecting us.

Remembering and forgetting have a reciprocal relationship in this project. Not everything can be remembered, so it is necessary to draw a veil over it. Both at the individual and collective level, time and space are needed to differentiate between moments in order to narrate the lived experience.

These pieces are not only an artistic expression, but a necessary response to a terrible and painful event, even though there is a desire to move away from the position of passive victim and signal the loss of meaning as the inherent vocation of every monument.

This allows us to reflect on the meaning and relevance of this type of memorial and to propose other forms of collective remembrance in the public sphere.

One of the objectives of this project is to move away from the re-victimisation of the processes surrounding the remembrance and memory of that time, its stories and its histories. These spaces are still contested, and the aim is to explore the symbolic language that culture uses to collectively construct memory and forgetting.

After more than eighty years, these places still maintain a powerful presence, reminding us of the fragile relationship between an event and its history, and the media's construction of memory and oblivion. This work aims to show a record of excavation as a witness to the forgotten past, and at the same time to provoke a reflection on the meaning of returning these fragile but significant witnesses to the public arena, to communal life.

María García Sánchez
***Institutional Portrait*, 2024**
8 panels of 200 × 100 cm that incorporate 200 xerographic reproductions in A4 format
Variable dimensions

Blasco Ibáñez Campus. Entrance hall to the Philosophy and Educational Sciences Faculty

The archive is selective, not comprehensive. It is pre-selected in ways that reflect what each culture considered worth storing and remembering, skewing the historical record, and indeed historical writing, towards the privileged, the powerful, the political, military and religious. Vast areas of social life and huge numbers of people hardly exist, according to the archive. The archive is overdetermined by facts of class, race, gender, sexuality and above all power.

Griselda Pollock

The power that Pollock refers to is precisely the axis that places into a categorised hierarchy the work *Institutional Portrait*, a piece that was born as an installation and is now finally collected in book format. My work is based on an analysis of the portraits housed in the University of Valencia Archive, which challenges us and leads us to reflect on their representativeness, origin and function. If the archive is, by definition, a "matter of discrimination and selection" (Achille Mbembé), our project makes this discrimination evident by presenting it through a selection of fragments, an accumulation of discontinuities that allow us to delve into the narrative of power and the scenography that enables its codification. While institutional archives are born out of control, out of a "sought-after scientific objectivity that served as a basis for the imperialist political expansion of the nineteenth century and its respective ideological imaginaries" (Sergio Martín), archival art questions and debates the uses of archives. The installation presented thus reveals a marked absence of women as authority figures throughout the history of the University of Valencia, while at the same time making clear the importance of religion, which stands as a cornerstone. Representations of Christ, crucifixes, habits, medals and three-quarter length male portraits are the main characters in this analysis, demonstrating that it is exactly through this revelation of discontinuities, through the existence of 'microscopic' registers (the individual in each subject) that we can testify to the presence of 'macroscopic' registers (Anna Maria Guasch) in the collective features that make up this institutional portrait. A portrait of the power behind the university institution that concludes with a study of the colour of the more than two hundred portraits and ornaments studied. This analysis is irrefutable proof that artificial intelligence has opened up new wounds in artistic creation. The possibility of image generation through AI once again places the foundations of the archive into question.

Artists such as Fontcuberta use this rupture to produce works such as *Florilegium* (2024), which offers real images and photographs of plants exhibited next to others generated with AI, making it almost impossible, in artistic terms, to distinguish the real plants from the digitally created ones. In our work, however, we found another example of the use of technology in artistic creation: while the selection of discontinuities was performed manually, the colour themes within each of the portraits were created on the basis of a computer programme, which decided, using software parameters, which were the predominant colours in each photograph or painting. Consequently, this work is not only an example of how power is portrayed in the institution, it also demonstrates how, both the appropriation of the portraits in the University's Historical Archive and the use of artificial intelligence in the creative process, encourage a revisiting of this archive in contemporary terms. This allows new dialogues to be established on the basis of questions such as: what is our role as creators? Where does this leave the photographer's job? How have the links between art and archive been transmuted?

XXVII Mostra art públic / universitat pública

Campus de Burjassot | Campus de Blasco Ibáñez (Universitat de València) 2024

Rectora:
M. Vicenta Mestre

Delegat d'Estudiants:
Marcos Durá

<u>Exposició</u>
Campus de Burjassot:
4 al 30 d'octubre de 2024
Campus de Blasco Ibáñez:
26 de febrer al 26 de març de 2025
Organitza:
Servei d'Informació i Dinamització (Sedi).
Delegació d'Estudiants.
Universitat de València
Col·labora:
Vicerectorat de Cultura i Societat. Universitat de València
Selecció de projectes:
Oskia Ugarte Abarzuza, Directora del Centre d'Art Contemporani de Huarte, Uharteko Arte Garaikideko Zentroa (Navarra).
María Paula Santiago Martín de Madrid, Professora del Dept. de Pintura de la Facultat de Belles Arts i Directora del Centre d'Investigació Art i Entorn de la Universitat Politècnica de València.
Ester Alba Pagán, vicerectora de Cultura i Societat de la Universitat de València.
Marcos Durá Gimeno, Delegat de la Rectora per a l'Estudiantat, de la Universitat de València.
Ferranda Martí Campoy, Cap del Servei d'Informació i Dinamització(SeDI) de la Universitat de València.
Alba Braza Boïls, personal tècnic del vicerectorat de Cultura i Societat de la Universitat de València.
Arantza Torrecillas Martínez, personal tècnic del Servei d'Informació i Dinamització (Sedi) de la Universitat de València.
Assistència tècnica al muntatge:
Santiandrés Montaje expositivo, Serveo Servicios SAU i personal de manteniment i jardineria dels campus de Burjassot i de Blasco Ibáñez
Coordinació tècnica:
Alba Braza, Arantza Torrecillas
Gestió administrativa:
Javier Artigas, Mónica García, M. José Martínez

Comunicació:
Mireia Capsir, Pablo Martínez

Catàleg
Edició:
Universitat de València, Servei d'Informació i Dinamització (Sedi)
Coordinació:
Álvaro de los Ángeles
Disseny:
Dídac Ballester
Maquetació:
Dídac Ballester
Alma García
Traducció i assessorament lingüístic:
I més. Serveis Lingüístics i Editorials
Fotografia:
Miguel Lorenzo
Impressió:
La Imprenta CG

ISBN: 978-84-9133-806-2
DL: V-2593-2025

Agraïments
Facultat de Psicologia i Logopèdia, Facultat de Física, Facultat de Farmàcia, Biblioteca de Ciències Eduard Boscà, Biblioteca de Psicologia i Esport Joan Lluís Vives, Facultat de Ciències de l'Activitat Física i l'Esport, Facultat de Filosofia i Ciències de l'Educació, Facultat de Geografia i Història, Personal de jardineria dels campus de Burjassot i de Blasco Ibáñez, Personal de seguretat dels campus de Burjassot i de Blasco Ibáñez, Servei de Prevenció i Medi Ambient, Servei Tècnic i de Manteniment, Unitats de Gestió dels campus de Blasco Ibáñez i de Burjassot.

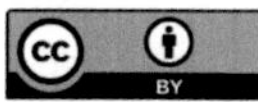